Impressum:
© 2024 Elfriede Demml
Titel: Freiheitsduft – Im Garten des Königs
Herausgeberin: Elfriede Demml
Graz/Bad Aussee
Illustration: Marie-Katrin Finkl
Lektorat: Bernadette Krogger
Layout: DESIGNEREI | www.designerei.co.at
Mehr Geschichten und Impulse unter:
www.edemml.wixsite.com/mit-gott-im-alltag

Verlag: Buchschmiede von Dataform Media GmbH, Wien
www.buchschmiede.at

ISBN: 978-3-99152-753-4

PRINTED IN AUSTRIA

Elfriede Demml

Freiheitsduft

Im Garten des Königs

Mit Illustrationen von Marie-Katrin Finkl und
einem Vorwort von Pater Willibald Hopfgartner OFM

Dein Herz ist der Ort
der innigen Begegnung mit mir
und ich bin bereit, alles zu geben,
um diesen Ort zu verteidigen.

Der König deines Herzens

Für alle, die in mir die Sehnsucht
nach dem Garten des Königs geweckt haben.

Inhalt

Vorwort

von P. Willibald Hopfgartner OFM

Im Leben der Menschen, wie schon im Leben der Natur, kommt dem Duft eine große Wirkung zu. Noch bevor man weiß, von wo er herrührt, wird man davon angezogen, die Neugier ist geweckt, die Mundwinkel – hmm! – gehen nach oben, den guten Duft will man in sich einsaugen und ihn genießen. Und der Duft hat seinen bevorzugten Ort im Garten, wo die blühende Natur ihn verbreitet. Im Sinne des Titels gedacht: Freiheitsduft verbreiten würde heißen, um sich herum Wohlgefühl wecken, die Stimmung heben, Negatives aus den Gedanken fernhalten. Und der Garten, das wären – im Bild gedacht – nicht Blumen, sondern Menschen, die einen angenehmen Duft verbreiten. Auch Paulus hat die Metapher verwendet, als er die Christen in Korinth aufforderte, „Christi Wohlgeruch" zu sein (2 Kor 2,15). Und diese Absicht bewegte wohl auch die Autorin zu diesem Bändchen.

Kirche als Braut Christi

Das Titelwort von Elfriede Demmls Buch ist also bestens gewählt, um für eine neue Erfahrung des Glaubens zu werben. Und es kommt aus dem Wortschatz eines biblischen Buches, das durch Jahrhunderte das geistliche Leben der Kirche inspiriert hat: aus dem Hohelied des Alten Testaments. Es besingt die Liebe von Braut und Bräutigam, inmitten eines Gartens, mit Balsam, Narde und Myrrhe, Lilien und Apfelduft, den Düften, die der Bewegung der Liebe wohlriechende Begleitung bieten. Dieses biblische Buch ist auch die eigentliche Referenz für die dritte „Definition" vom Wesen der Kirche: Sie ist „Volk Gottes", „geheimnisvoller Leib Christi" und eben auch

„Braut Christi". Die Meditationen und persönlichen Zeugnisse der Autorin sind erfüllt von dieser Sicht der Kirche, die heute weitgehend im Schatten steht. Dabei haben die Propheten schon und danach insbesondere das Buch der Geheimen Offenbarung eindrucksvoll von der Kirche als Braut Christi gesprochen.
Schon die Rabbinen haben im Hohelied ein Sinnbild der Liebe zwischen Gott und dem Volk Israel gesehen, und im kirchlichen Verständnis wurde das Buch zum Bild der bräutlichen Liebe zwischen Christus und der Kirche, aber ebenso zwischen Christus und der gläubigen Seele. Mitten unter den biblischen Büchern, die vom Auf und Ab der Geschichte des Gottesvolkes, von Prophetie und Weisheit handeln, kommt in diesem Buch der innerste Grund des Glaubens zur Sprache: das Zwiegespräch der Liebe zwischen Gott und Mensch. „Gott, du mein Gott, dich suche ich, meine Seele dürstet nach dir", singt tonangebend der Psalm 63. Wo die Erfahrung solcher Liebe nicht ist, ist der Glaube ein ausgetrockneter Tümpel, und das Leben der Kirche wird zu einer Frage seelenloser Organigramme.

Gläubige Erfahrung jenseits formelhafter Sprache

Elfriede Demml, die dem Stand der Geweihten Jungfrauen angehört, bringt in ihren Texten das liebende Miteinander der gläubigen Seele mit Gott zum Ausdruck. Es ist eine Sprache des Glaubens, jenseits abstrakter theologischer Begriffe und spiritueller Formeln, ganz aus der persönlichen Erfahrung heraus geschöpft. Sie überrascht uns dabei mit der Erwähnung unerwarteter Zeichen göttlichen Zuhörens und sich den Bitten zuneigender Erhörung. Hier spricht ein Glaube, der nicht auf den Gottesdienstbesuch beschränkt ist, sondern auf den Alltag ausgeweitet ist.
Ausgangspunkt ist immer wieder ein Schriftwort, nicht als

bloße Überschrift, sondern als Hinweiszeichen auf ein Geschehen, an dem, darauf folgend, seine Wahrheit sichtbar werden soll. So entsteht das Bild eines Lebens, das vom Licht des göttlichen Wortes erleuchtet und geführt wird. Das „objektive Wort der Schrift" erhält aber auch immer wieder ein „subjektives Wort" aus dem Mund des Herrn, „König deines Herzens" genannt, bei Elfriede Demml die Bezeichnung für den „Bräutigam" des Hoheliedes. Von ihm empfängt sie Worte wie dieses: „Ich trage die Last. Du geh' neben mir!"

Sprache der Mystik

Solche Worte sind der eigentliche Ursprung des „Freiheitsduftes", jener gottgeschenkten Freiheit, die ein Geschenk des Geistes ist. Der Geist des Herrn ist Freiheit (2 Kor 3,17). Hier sind wir bei der Sprache der Mystik, wo Christus sich als das führende und liebende Gegenüber der Seele zu erkennen gibt. Er spricht nicht nur als der Weisung gebende Herr, sondern auch als die ermutigende Stimme gegenüber den Selbstzweifeln der unruhigen Seele: „Ich bin da. Egal, was du machst. Vergiss das nicht." Oder: „Ich führe dich auf Wege, die du nicht kennst. Aber es sind gute Wege." Entscheidend aber ist die Zusicherung der Freiheit: „Du bist frei. In mir bist du frei. Ich habe dich freigesetzt." Die Befürchtung, die viele Menschen haben, Gott könnte ein Hindernis meiner Freiheit sein, löst sich auf, wo ein liebevolles Vertrauen die Beziehung durchdringt.

Das Ich wird ausgeweitet

Mehrfach eingestreut sind Sequenzen mit Gebeten: zum Heiligen Geist insbesondere. Einmal spricht er selbst: „Ich bin das Feuer, das in deinem Herzen brennt." Darin liegt das Besondere des christlichen Selbstbewusstseins: Es ist nicht beschränkt auf das Ego cogito, mein denkendes Ich, wie der Philosoph René

Descartes gesagt hätte. Das Ich ist im Christen nie nur es allein, es hat immer ein größeres Ich bei sich, ein alternatives Denken, das ihm die Intelligenz und die Kraft gibt, über gesellschaftlich akzeptierte Denk- und Verhaltensweisen hinauszugehen. Und so sind geistbewegte Menschen immer auch erfrischende Menschen. Und durch ihr Beispiel sind sie „Türöffner" für die besseren Möglichkeiten inneren und äußeren Lebens.
Und eine solche Türöffnerin ist die Autorin des vorliegenden Bändchens. Wer an sein Ende gekommen ist, hat tatsächlich einen Raum betreten, der vom Duft einer großen Freiheit erfüllt ist. Und er weiß jetzt, wie und wo er selbst in den Genuss dieses Freiheitsduftes gelangen kann.
Möge dieses Büchlein viele Menschen den Freiheitsduft einatmen lassen!

Pater Willibald Hopfgartner OFM

Freiheitsduft im Garten des Königs – Einleitende Gedanken

Liebe Leserin und lieber Leser!

Ich wage es, über etwas zu schreiben, wofür es keine Worte gibt. Während mein erstes Buch „Freiheitsduft – mit Hand und Fuß“, das ich gemeinsam mit Martin Lechner geschrieben habe, von Spuren der Liebe Gottes mitten im Alltag erzählt, ist „Freiheitsduft – im Garten des Königs“ größtenteils eine Reise nach innen. Die meisten der Texte, die in diesem Büchlein gesammelt sind, waren ursprünglich nicht für die Öffentlichkeit bestimmt. Sie sind im stillen und vertrauten Zusammensein mit dem Herrn, den ich meinen Bräutigam nennen darf, entstanden und deshalb „sehr privat“. Und doch habe ich in meinem Herzen den Ruf vernommen, sie zu teilen, auch wenn ich mich damit verletzlich mache. Auch ich hätte nicht in eine tiefe Begegnung mit Gott hineinwachsen können, hätten sich nicht andere mutig geöffnet und ihr Bestes gegeben, das große Unfassbare, das sich in der Begegnung mit Gott ereignet, in menschliche Worte zu kleiden.

In großer Dankbarkeit diesen Menschen gegenüber wage auch ich es, dich an der Hand zu nehmen und auf eine Reise in mein (inneres) Leben einzuladen. Und ich bin gewiss, dass daraus auch eine abenteuerliche Reise tief hinab in dein Herz entstehen wird.

1. Im ersten Teil des Buches kommen wir zu wichtigen Momenten in meiner Berufungsgeschichte.

2. Dann gehen wir der Frage nach, welche Rahmenbedingungen wir schaffen können, um einzutreten in den Ort der inneren Begegnung mit Gott.

3. Und schließlich lade ich dich ein an diesen Ort, den ich gerne „Garten des Königs" nenne. Aus diesem Garten der innigen Begegnung und Zwiesprache mit Jesus sind viele Gebete und Meditationen hervorgegangen, die ich hier mit dir teile. Die kurzen Notizen vom „König deines Herzens", die dich durch das ganze Buch hindurch begleiten, sind Ermutigungen, die ich im Gebet in meinem Herzen vernommen habe.
Oft frage ich Jesus gleich nach dem Aufwachen, was er mir heute in den Tag mitgeben will. Und was ich dann am Herzen habe, notiere ich mir. Nicht im Traum hätte ich früher daran gedacht, dass ich diese persönlichen Zeilen jemals mit jemandem teilen würde. Sie erheben keinen Anspruch auf allgemeine Gültigkeit. Und doch denke ich, dass sie auch für dich eine Ermutigung sein können.
Es soll dich ermutigen, diesen wunderbaren Ort, den manche die Königskammer nennen, kennen zu lernen. Es ist ein Ort der Stille, in dem wir unserem König ganz persönlich begegnen dürfen, ohne vorgefertigte Gebete, ohne Masken, ohne Phrasen. Täglich fünf Minuten, am besten gleich nach dem Aufstehen. Vielleicht ein Wort aus der Schrift lesen, still werden und hören, was mein geliebter König, der sich unendlich nach mir sehnt, MIR HEUTE sagen will. Und ich sage IHM, was mir im Herzen brennt, in meinen Worten. ER versteht mich. Es ist wie in der Ehe. Die Eheleute verbringen viel Zeit miteinander, aber es muss eine Zeit geben, die wirklich nur den beiden gehört. Das Hohelied der Liebe würde wohl vom Garten sprechen, der süße Früchte hervorbringt.
Dieses vertraute Zusammensein ist es, das immer wieder neu

die Last von meinem Herzen nimmt und mir eine große Freiheit schenkt, unabhängig von den äußeren Umständen. Das ist es, was ich den „Freiheitsduft" nenne, der durch mein Leben weht.

4. Jedes noch so innige Gebetsleben wäre nichts wert, würde es nicht Früchte im ganz normalen Alltag hervorbringen. So nehme ich dich im letzten Teil des Buches mit hinaus auf die Straße, um dort mit offenen Augen und offenem Herzen die Spuren von Gottes Reich zu entdecken.

Das ganze Buch hindurch begleiten dich Bilder von Marie-Katrin Finkl. Sie bringen die Schönheit und Buntheit unseres inneren Gartens und unseres ganzen Lebens zum Ausdruck. Sie laden dich ein, innezuhalten und mit allen Sinnen nachzuspüren, was dir heute geschenkt wird.

Die Reise, auf die ich dich mit diesem Buch einlade, ist eine langsame Reise. Es geht nicht darum, das Buch „schnell durchzulesen". Mein Wunsch für dieses Buch ist, dass es dir zu einer Inspiration für deinen ganz persönlichen Weg in deinen Garten wird. Dazu reicht es wohl, immer wieder einen kurzen Abschnitt zu lesen und ihn gleichsam als Gartentürchen zu verwenden, um dann selbst einzutreten in die ganz persönliche Zwiesprache mit deinem Gott und König. Das erbitte ich von ihm für dich.

Elfriede Demml

Wege in den Garten
Eine Berufungsgeschichte

Übertreibung? Ironie? Ernst gemeint.

„Meine Seele sehnt sich nach dir in der Nacht, auch mein Geist ist voll Sehnsucht nach dir." (Jesaja 26,9)
Ein bisschen übertrieben kommt mir das schon vor.

Herbst 2006: Ich sitze am Beginn meines Studiums frühmorgens mit einigen Studienkollegen in der Kapelle der Katholischen Hochschulgemeinde in Benediktbeuern und wir beten gemeinsam die Laudes, das Morgenlob der Kirche. Noch bin ich nicht vertraut mit diesem Gebet und den biblischen Texten, die darin vorkommen. Es ist mehr die Gemeinschaft, die besondere Stimmung und natürlich das anschließende Frühstück, was mich früh morgens hierherlockt. Und dann stolpere ich über diesen Satz: *„Meine Seele sehnt sich nach dir in der Nacht, auch mein Geist ist voll Sehnsucht nach dir." (Jesaja 26,9)* Ich spreche ihn gemeinsam mit den anderen laut aus und füge in Gedanken hinzu: „Ach, weißt du, Gott, ich mag dich zwar, aber Sehnsucht hatte ich ehrlich gesagt noch nie nach dir." Kaum habe ich den Gedanken zu Ende gedacht, ist es mir, als hätte jemand ein Brett vor mein Herz genagelt. Ich kann nichts mehr fühlen. Weder Positives noch Negatives. Es fühlt sich schrecklich an. Irgendwie wie abgeschnitten und isoliert von meiner Umgebung, eingesperrt in einem dunklen Loch. Dieser Zustand dauert ein paar Tage. In dieser Zeit lerne ich, Sehnsucht nach Gott zu haben. Mich dürstet nach seiner Gegenwart. „Okay okay, Gott, ich habe es verstanden. Ich habe doch Sehnsucht nach dir." Aber der Zustand dauert weiter an. Einmal, während der Wandlung in der Eucharistiefeier, ist es, als würde für einen kurzen Moment ein Lichtstrahl durch den „Bretterverschlag" vor meinem Herzen hereindringen. Es ist für mich, als würde Gott mir damit sagen: „Keine Sorge, ich bin da, auch wenn du mich nicht wahrnehmen kannst." Dankbar nehme ich dieses kurze Zeichen der Gegenwart Gottes an. Doch dann muss ich weiterhin ein paar Tage voll Sehnsucht nach Gott in der Dunkelheit verharren, ehe das „Brett" vor meinem Herzen wieder „abmontiert" wird und meine Lebensfreude zurückkehrt.

„Meine Seele sehnt sich nach dir in der Nacht, auch mein Geist ist voll Sehnsucht nach dir." (Jesaja 26,9) Seit diesem Erlebnis bete ich diesen Vers sehr bewusst und aus tiefstem Herzen.

Es folgen Jahre des Ringens. Wie kann ich dieser Sehnsucht nach Gott folgen? Was ist mein Auftrag in dieser Welt? Besonders auch mit meiner Behinderung, die ich von Geburt an habe und durch die ich in meinem Alltag auf viel Hilfe von anderen angewiesen bin? Was kann ich als Rollstuhlfahrerin bewirken? Es ist nicht nur die Sehnsucht nach Gott, die mich erfüllt und antreibt, sondern auch die Sehnsucht, sinnvoll zu sein, die Sehnsucht, geliebt zu werden, einfach die Sehnsucht nach einem erfüllten Leben. Aber wie geht das? Und wie geht das speziell für mich?

Dankbar bin ich da für meine Freunde, für die es ganz normal scheint, mit der Frage nach der eigenen Berufung im Leben zu ringen – und wir ringen in dieser Zeit viel und begleiten uns gegenseitig in vielen intensiven Gesprächen bei Spaziergängen oder einfach im Teilen des Alltags.

„Steh auf, meine Freundin, meine Schöne, so komm doch!“ (Hohelied 2,10) Man könnte es auch als schlechten Scherz verstehen.

Dezember 2011: Ich liege auf dem Teppichboden einer kleinen Kapelle im Kloster der Missionsbenediktinerinnen in Tutzing. Eine Freundin ist hier Kandidatin und so haben eine andere Freundin und ich beschlossen, ein Adventwochenende hier zu verbringen. Einfach, um Zeit für ein paar Tage der Stille zu haben; jede für sich, aber auch Zeiten des gemeinsamen Spaziergangs und Austausches.

Diese kleine Kapelle in einem Turmzimmer ist für meinen Rollstuhl nicht zugänglich. So hat mich meine Freundin Moni hierhergebracht und weil ich auf einem Hocker nicht frei sitzen kann, hat sie mich kurzerhand auf den Boden gelegt. Eine Bibel daneben. Eine Kerze angezündet. So kann ich einige Zeit alleine hier verbringen. Ich beginne in der Bibel zu lesen.

„Steh auf, meine Freundin, meine Schöne, so komm doch!“ (Hohelied 2,10) Man könnte es auch als schlechten Scherz verstehen. Schließlich liege ich gerade mehr oder weniger hilflos auf dem Boden und kann unmöglich aufstehen und kommen, wohin auch immer. Und dennoch trifft mich dieser Satz mitten ins Herz. Ich merke, es ist ganz und gar keine Ironie, sondern es hat existenziell mit meinem Leben zu tun. In all den letzten Jahren habe ich versucht, meiner Sehnsucht nach Gott, aber auch nach so vielem anderen, zu folgen.

Und plötzlich fällt es mir wie Schuppen von den Augen: Jesus hat noch eine viel größere Sehnsucht nach mir, als ich nach ihm! Er sehnt sich nach mir wie ein Geliebter nach seiner Geliebten. Und er findet mich auch noch schön! Mich, die ich da verkrümmt auf dem Boden liege!

„Ein verschlossener Garten ist meine Schwester Braut, ein verschlossener Garten, ein versiegelter Quell. ... Die Quelle des Gartens bist du, ein Brunnen lebendigen Wassers, Wasser vom Libanon." (Hohelied 4,12.15)
Plötzlich ist es mir, als wären die Worte dieses alten Liebesliedes direkt für mich geschrieben. Ja, ich soll dieser verschlossene Garten für Jesus sein. Ein wunderschöner Garten, in den nur er Zutritt hat. Ja, er will mich ganz für sich. Aber gleichzeitig verspricht er, die Quelle in mir zu sein, das Wasser, das mich lebendig macht. Der Gedanke ist faszinierend und „haut mich vom Hocker", obwohl ich ja noch immer am Boden liege, zugleich ist er aber auch beängstigend. Werde ich ohne die Liebe eines „irdischen" Mannes leben können? Wird mich das glücklich machen? Mir fallen wieder die Worte eines Freundes ein, in den ich so viele Jahre lang verliebt war: „Wir gehören nicht zusammen, Elfriede, da bin ich mir ganz sicher. Das würde dich nicht glücklich machen." Das würde dich nicht glücklich machen ... Ist es also jetzt das, was mich glücklich macht? Bist du es, Jesus? Ganz allein?

Noch kann ich das Ausmaß dieser Erkenntnis nicht abschätzen, aber ich ahne, dass dies der Beginn einer abenteuerlichen Reise ist, die ganz und gar nicht so aussieht, wie ich mir mein Leben erträumt habe.
Schließlich wollte ich immer heiraten, Familie haben und anderen, die in einer ähnlichen Situation sind wie ich, helfen ...
Und nun ruft mich also der Herr, zu kommen. Wohin verrät er noch nicht. Aber in meinem damaligen Denken scheint mir ein Kloster der einzige Weg, auf diesen Ruf zu antworten. Und weil ich von der Spiritualität des Karmel und vor allem von der kleinen Thérèse von Lisieux so angetan bin, ist für mich klar, dass es der Karmel sein muss. Bin ich bereit, alles zu verlassen?

Vor allem meine Träume? Eine Berg- und Talfahrt der Gefühle beginnt. In dieser Zeit ist es vor allem mein geistlicher Begleiter, der mich immer wieder auf den Boden der Tatsachen holt: „Du darfst gewiss sein, Gott meint es ernst mit dir. Er spielt nicht mit dir. Schau auf deine Geschichte, dann siehst du es." Oder: „Elfriede, es bringt nichts, nur davon zu träumen, dass du in den Karmel eintreten willst. Du musst da mal hin und spüren, ob das wirklich der Ort für dich ist."

„Gib mir zu trinken!" (Johannes 4,7)

September 2012: Ich bin (wieder) mit meiner Freundin Moni für eine Woche im Karmel in Bärnbach. Es ist früh am Morgen, stockdunkel, eiskalt, ich bin müde, habe Hunger und muss aufs Klo. Nicht unbedingt die besten Voraussetzungen für das innere Gebet. Teresa von Ávila nennt das Gebet „nichts anderes als ein Gespräch mit einem Freund, mit dem wir oft und gern allein zusammenkommen, um mit ihm zu reden, weil er uns liebt". Mir wird klar, dass das stellvertretende Gebet, so heldenhaft es klingen mag, sich überhaupt nicht immer heldenhaft anfühlt. Ganz im Gegenteil, manchmal ist es einfach nur ein Ausharren in Kälte und Finsternis. Und dennoch ... genau in dieser Situation kommt mir vor meinem inneren Auge das Bild von Jesus am Jakobsbrunnen (Johannes 4):
„Mich dürstet! Gib mir zu trinken."

Ich beginne in meinem Herzen ein Gespräch mit Jesus:
„Soll ich dir Wasser bringen?" –
„Nein." –
Ich schlage ihm alles Mögliche vor, was ich ihm in meinem Leben Gutes tun könnte. –
„Nein." –

Schon am Rande der Verzweiflung rufe ich aus: „Ja, Jesus, was willst du denn von mir?“ –
„Bleibe DU bei mir! Mich dürstet nach DIR!“

Ich kann diese Worte nicht akustisch mit meinen Ohren hören, aber in meinem Herzen höre ich sie ganz deutlich. Sie berühren mich.
Dieses „Bleibe du bei mir“ höre ich dann in all den Jahren meiner Suche, wie ich meine Berufung konkret leben soll, immer wieder in meinem Herzen. „Wir können dir nicht die Rahmenbedingungen bieten, die du für ein gutes Leben brauchst. Aber es kommt nicht auf das Ordenskleid an, sondern auf das Herz. Und wir glauben, es ist deine Berufung, dieses ‚bei Jesus bleiben‘ unter viel schwereren Bedingungen, außerhalb des Schutzes von Klostermauern, in der Welt zu leben. Deine Klausur ist der Rollstuhl.“ So war sinngemäß die Antwort auf meine Frage, ob ich in den Karmel eintreten dürfe.

Was kann das konkret heißen? „Setz dich doch mal mit der Jungfrauenweihe auseinander“, rät mir mein geistlicher Begleiter. Ich google, nehme Kontakt mit einer Jungfrau auf und bekomme Texte, die diese Berufung beschreiben. Alles in mir schreit „JA!!“. Genau das ist es, was meiner Sehnsucht entspricht! So will ich leben! Und so kann ich mit meinen körperlichen Voraussetzungen auch gut leben.
Heute steht in meinem Ring, den ich bei meiner Jungfrauenweihe am 16. September 2017 empfangen habe, eingraviert: „Ich bleibe bei dir.“ Ich verstehe es als meine Antwort auf seinen Ruf und zugleich als Versprechen Jesu an mich.

Wenn es in meinem Alltag wieder einmal turbulent zugeht, schaue ich auf diesen Ring und erinnere mich daran: Möge das, was ich tue, auch noch so gut sein, es ist wertlos, wenn es an dem Ruf vorbeigeht: *„Steh auf, meine Freundin, meine Schöne, so komm doch! (Hohelied 2,10)* Mich dürstet nach dir. Bleibe du bei mir, egal was du tust."

In einem Kloster gibt es feste Strukturen und Gebetszeiten. Als geweihte Jungfrau, die in der Welt lebt, liegt es in meiner eigenen Verantwortung, meine täglichen „Dates mit Jesus" freizuhalten. Ich stelle mir dann vor, wie ich mit ihm in diesen verschlossenen Garten (Hohelied 4,12) gehe, erzähle ihm, was mich beschäftigt, lausche auf das, was er mir sagen will, und trinke aus der Quelle, die in diesem inneren Garten entspringt (Hohelied 4,15). Okay okay, das klingt jetzt sehr poetisch. Dabei ist es meist ganz unspektakulär. Ich bete bei diesen „Dates" das Stundengebet, das Gebet der Kirche. Es besteht vor allem aus Psalmen und anderen biblischen Texten. Gerne spreche oder singe ich die Gebete laut. Mir kommt vor, dann bin ich präsenter und es wird intensiver. Manchmal bete ich auch im Bus (dann natürlich leise) und schließe gleich alle Fahrgäste mit ins Gebet ein. Denn mein Gebets- und Glaubensleben soll keinesfalls nur ein romantischer „Kuschelweg" zwischen mir und Jesus sein. Ich will meine Augen und mein Herz offenhalten für die Not der Menschen und sie im Gebet vor Gott tragen. Wichtig ist mir auch, immer wieder in der Bibel selbst zu lesen und zu fragen: Was bedeutet das heute für mich? Ich spreche meine Gedanken oft laut vor Jesus aus. Und dann ist es mir auch wichtig, einfach Stille zu halten und tief in mein Herz zu lauschen. Ich betone deshalb das „tief" in mein Herz lauschen (und sage nicht einfach „auf mein Herz hören"), weil es oberflächlich in meinem Herzen ganz viele unterschiedliche Gefühlsregungen gibt, die mich hin- und herreißen und manchmal in ihren Bann ziehen wollen. Aber ganz tief in unserem Herzen wohnt der König, sagt Teresa von Ávila. Und auf seine göttliche Stimme, die da also ganz tief verborgen ist, möchte ich hören. Nicht immer kommen so konkrete Worte wie oben beschrieben, aber doch lerne ich im Laufe der Jahre immer mehr wahrzunehmen – manchmal in Form eines tiefen Friedens, der mich durchströmt, manchmal in Form einer aufgeregten Gewissheit, dass ich etwas machen soll, auch wenn es mir verrückt erscheint (wie zum Beispiel dieses Buch zu schreiben). Manchmal bleibt es aber auch einfach nur still.

Also, meistens sind diese „Dates mit Jesus“ ganz unspektakulär und doch ist es das, was mich trägt und mir Erfüllung schenkt. Immer wieder muss ich innerlich (und manchmal auch laut) jauchzen und frage mich, was ich für ein Glückspilz bin, dass Jesus mich auf diesen Weg gerufen hat. Was für ein Privileg, das leben und sichtbar machen zu dürfen, was für die ganze Kirche gilt: *„Wie der Bräutigam sich freut über die Braut, so freut sich dein Gott über dich.“ (Jesaja 62,5)*

Seitdem das, was da in der Bibel beschrieben wird, in meinem Leben so konkret erfahrbar geworden ist, finde ich es auch ganz und gar nicht mehr übertrieben, früh morgens aufzustehen und ernsthaft zu beten:
„Meine Seele sehnt sich nach dir in der Nacht, auch mein Geist ist voll Sehnsucht nach dir.“ (Jesaja 26,9)

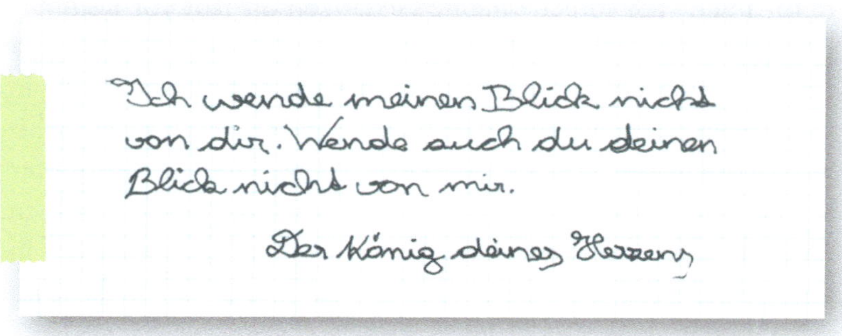
Ich wende meinen Blick nicht
von dir. Wende auch du deinen
Blick nicht von mir.

Der König deines Herzens

Mein Versprechen

Mein Herr und mein Gott, mein Meister, mein Bräutigam!

Dir allein will ich gehören. Alles – all mein Denken, mein Fühlen, mein Wünschen, mein Hoffen, mein Vertrauen – soll auf dich hin ausgerichtet sein. Lehre mich, dass das immer mehr Wirklichkeit in meinem Leben wird.
Wohne in meinem Herzen und erfülle es ganz. Sei du der König darin und hilf mir, alles aus deinem Schloss auszuräumen bzw. nichts hineinzulassen, was deiner nicht würdig ist.
Ich liebe dich und nichts erfüllt mich wie du.

Ich will dir alles in deine Hände legen, was du mir Großartiges geschenkt hast:
Meinen Leib und mein Herz: Auf deine Liebe antwortend, will ich dich in *eheloser Keuschheit* lieben. Möge aus unserer Liebe zueinander eine Quelle entspringen, aus der heraus ich immer mehr lerne, andere rein, zweckfrei und barmherzig zu lieben.
Meinen Besitz und meine Sicherheiten: Nichts soll dir im Wege stehen. Ich will *arm* vor dir stehen, immer mehr loslassen, teilen und alles (Materielles, Situationen und Lebensumstände ...) aus deiner gütigen Hand empfangen und annehmen.
So möchte ich dir und der Kirche und – soweit dies damit vereinbar ist – meinen Mitmenschen gegenüber *gehorsam* sein. Nicht mein Wille, sondern dein Wille soll geschehen, in allen Bereichen und Situationen meines Lebens, immer mehr.

So möchte ich vor dir stehen: unter dem Schutzmantel Mariens und meiner „großen Freunde“ aus dem Karmel, mit einem reinen, hörenden Herzen, mich ganz dir hingebend, unter deinem Kreuz und mein Kreuz annehmend, dich empfangend,

dich preisend und anbetend, dir dankend, stellvertretend für die Menschen und die ganze Schöpfung, „mit dem Herzen im Himmel und mit den Füßen auf der Erde“ (Don Bosco), dich und deine Liebe bezeugend, in Gemeinschaft, aber auch in Einsamkeit und Stille, als eucharistischer Mensch.
Herr, in alledem bin ich noch auf dem Weg und ich merke, wie weit ich von vielem noch entfernt bin. Und dennoch vernehme ich deinen Ruf, deinen Wunsch „Bleibe DU bei MIR!“ und ich sehne mich danach, diesem Ruf zu folgen.
Im Vertrauen darauf, dass du mich nicht nur rufst, sondern mir auch hilfst, diesem Ruf zu folgen, dass du mich nach und nach, täglich mehr, verwandelst, wie du mich gedacht hast, dass du mich immer tiefer hineinführst in das, was du mit mir vorhast, verspreche ich alles, was ich hier geschrieben habe, dir und der Kirche vorerst für ein Jahr.

In Liebe, deine kleine Magd, die sich aufgrund des Geschenks, dass sie deine Braut sein darf, fühlt wie eine kleine Prinzessin!

Benediktbeuern, 2013

Jedes Leben und jeder Ruf ist ganz individuell. Aber vielleicht kann dieses Versprechen eine Anregung sein, dass auch du dir überlegst: Was ist meine tiefste Sehnsucht, die mir Gott ins Herz gelegt hat? Wie möchte ich leben? Nimm dir die Zeit, darauf zu lauschen und dann vielleicht auch dein persönliches Versprechen, deine persönliche „Lebensregel“ aufzuschreiben. Ich glaube, das kann immer wieder eine gute Orientierungshilfe sein.

Die Gartentür

An der Schwelle zum Gebet

Das Manuskript dieses Buches liegt fertig vor mir und da merke ich, es fehlt noch etwas Entscheidendes. Wie gelange ich überhaupt in den Garten der Begegnung mit Gott, von dem hier so viel die Rede ist? In einen Garten gelangt man meist durch die Gartentür. Doch wie sieht die Schwelle hin zum Gebet aus und welche Rahmenbedingungen kann ich schaffen, damit ich diese Schwelle gut überschreiten kann? Darüber wollen wir jetzt gemeinsam nachdenken.

Was ich hier schreibe, ist keine ausgefeilte Lehre und nicht der Weisheit letzter Schluss. Ich teile einfach, was mir hilft. Es ist eine Mischung aus verschiedenen kirchlichen Traditionen wie z.B. der karmelitischen oder auch der ignatianischen Spiritualität und meinen eigenen Erfahrungen.

Ort des Gebets

Teresa von Ávila sagt, man könne Gott zwischen den Kochtöpfen begegnen. Und sie hat recht. Ich kann Gott überall begegnen und er hat in jeder Situation die Möglichkeit, mich tief zu berühren. Aber ich glaube, die gute Teresa kann Gott zwischen den Kochtöpfen deshalb entdecken, weil sie ihn schon gut in der Stille kennengelernt hat und ihn deshalb auch überall, wo er sich sonst noch versteckt, finden kann.

Gott überall zu entdecken, muss also geübt werden. Und um das zu üben, hilft es unserer Seele, einen festen Ort zu haben, an dem wir beten.

Ich habe meinen Gebetsort z. B. in meinem Schlafzimmer. In meinem Schlafzimmer gibt es grob gesagt nur zwei Dinge, die ich mache. Schlafen und beten.

Ich bete vor dem Einschlafen und ich bete, wenn ich aufwache. Wenn ich tagsüber mein Schlafzimmer betrete, dann in der Regel, um dort eine Zeit lang beim Herrn zu verweilen und mich neu unter seinen Blick zu stellen. Weil es also nicht vieles andere gibt, was in diesem Zimmer getan wird, hat sich meine Seele daran gewöhnt, sich in eine Haltung des Gebets und der inneren Offenheit zu begeben, sobald ich über die Schwelle dieses Zimmers trete.

Du hast vielleicht kein ganzes Zimmer, das du für Gebet reservieren kannst, aber vielleicht eine kleine Ecke. Wenn du den äußeren Raum schaffst, hilft dir das auch, den inneren Raum oder Garten zu schaffen, in dem du deinem König begegnen kannst.

Störungen vermeiden

In meinem Schlafzimmer ist auch handyfreie Zone. Wenn ich nicht gerade bewusst einen Text oder eine Nachricht an jemanden in der Gegenwart des Herrn schreiben will, hat mein Handy in meinem Schlafzimmer nichts verloren. Es würde mich nur von der Begegnung mit dem Herrn ablenken. Das weckt wahrscheinlich in vielen einen Aufschrei. „Ich komme am Abend runter, wenn ich noch ein bisschen auf meinem Handy lese oder Filme anschaue. – Ich muss doch am Morgen gleich die Nachrichten checken, um zu wissen, was heute auf mich zukommt. – Und überhaupt, mein Handy ist mein Wecker. Das brauche ich an meinem Bett." Solche und ähnliche Argumente höre ich immer wieder, wenn es um dieses Thema geht.

Meiner Erfahrung nach spricht der Herr aber ganz besonders gerne, kurz bevor ich einschlafe oder wenn ich gerade aufwache. Wenn ich aber in diesen Phasen durch mein Handy abgelenkt bin, dann ist es schwer, seine Stimme zu hören. Und was die Sache mit dem Wecker betrifft: Es gibt noch die guten alten Wecker. Einmal habe ich schon einer Freundin einen zum Geburtstag geschenkt, damit es keine Ausrede mehr gibt. ;–) Du musst es ja nicht gleich für dein restliches Leben so handhaben. Aber ich lade dich herzlich ein und ermutige dich, es einmal für einen begrenzten Zeitraum auszuprobieren und dann zu evaluieren. Beispielsweise in der nächsten Fastenzeit. Aber nur, wenn die Fastenzeit nicht zu weit weg ist, wenn du das hier liest! Denn sonst hast du es bis dahin wieder vergessen. ;-)

Aber zurück zur konkreten Gebetszeit: meide Störungen. Schalte alle Geräte aus, die dich stören könnten. Räume weg, was dich ablenkt, oder gehe an einen Ort, an dem du nicht abgelenkt bist. Falls du Familie oder Mitbewohner und Mitbewohnerinnen hast, bitte sie, dich 20 Minuten lang ungestört zu lassen.
Aber falls das nicht möglich ist, heißt es natürlich nicht, dass du nicht beten kannst. Auch mitten im Trubel kann der Herr einen geschützten Raum der Begegnung schaffen. Daran hat er mich vor kurzem eindrücklich erinnert.

Ich war unterwegs und suchte einen Gebetsplatz. Ich fand auch einen wunderschönen Platz, wie eine Kuppel voller Blüten. Ich hatte den Eindruck, der Herr sage mir: „Es ist der Platz, den ich jetzt für dich vorbereitet habe. Der Beste für dich – duftend und schön." Ärgerlich war nur, dass ein Weg direkt durch diesen Platz führte und immer wieder Leute vorbeikamen. War es vielleicht doch keine so gute Idee, hier die Gebetszeit zu machen, wo ich keine Privatsphäre hatte? Doch Jesus gab mir die Erkenntnis ins Herz: „Leute können durch deinen Gebetsplatz latschen, aber nicht durch dein inneres Heiligtum. Das schütze

ich und ich gebe alles dafür, dass es geschützt bleibt, sogar mein Leben gebe ich dafür."
Es gibt also diesen geheimen Ort, der nur dir und Gott gehört, und er schützt ihn.

Den Alltag danach ausrichten

Richte deinen Alltag nach deinen Gebetszeiten aus und nicht umgekehrt deine Gebetszeiten nach deinem Alltag. Natürlich werden die Gebetszeiten je nach Beruf, Familienstand, gesundheitlichen Voraussetzungen und persönlichen Vorlieben unterschiedlich ausschauen. Aber was ich damit sagen will, ist: Warte mit dem Gebet nicht, bis deine Wohnung perfekt aufgeräumt ist, alles, was du dir für heute vorgenommen hast, erledigt ist und du vielleicht auch noch in einer Gebetsstimmung bist. Ansonsten wirst du wahrscheinlich nie oder zumindest selten zu einer Gebetszeit kommen.

Ordensgemeinschaften haben ihre fixen Gebetszeiten. Die Regelmäßigkeit und das Versprechen, das gegeben wurde, helfen „dranzubleiben", die Freundschaft mit Gott wirklich an erste Stelle zu stellen und den restlichen Tagesablauf darum herum zu gestalten. Wenn wir nicht in einer Gemeinschaft leben und sozusagen alle Freiheiten haben, fordert das umso mehr Disziplin von uns. Wann sind die Zeiten am Tag, zu denen du gut da sein kannst vor Gott? Reserviere sie in deinem Tagesablauf für ihn.
Und allgemein ist es, glaube ich, für unser geistliches Leben gut, wenn wir immer wieder unseren Alltag überprüfen. Ein Leben wird nicht dadurch geistlicher, dass wir einfach ein paar Gebetszeiten in unseren ohnehin schon überfüllten Kalender

hineinstopfen.
Mit welcher Haltung gehe ich durch mein Leben und welche Prioritäten setze ich? Der Jesuitenpater Franz Jalics setzt die Prioritäten für ein geistliches Leben so:

1.) Genügend Schlaf
Es ist notwendig, dem Körper die Stunden an Schlaf zuzugestehen, die er braucht. Mit genügend Schlaf kann ich wachsam sein für das, was jetzt dran ist. Ich bin ausgeglichener, motivierter und liebevoller. Ich habe oft den Eindruck, ein gelungener Tag beginnt mit dem Abend davor. Wenn es mir gelingt, am Abend genügend Zeit einzuplanen, zur Ruhe zu kommen und alles, was mich beschäftigt und was ich erlebt habe, vertrauensvoll in Gottes Hände zu legen, dann kann ich gut und genügend schlafen, sodass ich am nächsten Tag fit für neue Abenteuer bin, was auch kommen mag.

2.) Zeit und Bewegung an der frischen Luft und gesunde Ernährung
Wenn ich mich gut um meinen Körper kümmere, ist das ein Zeichen der Wertschätzung und Dankbarkeit für das Geschenk des Lebens.

3.) Gebet
Jede Beziehung muss gepflegt werden, damit sie fruchtbar ist, auch die Beziehung mit Gott. Je besser ich ihn im ausdrücklichen Gebet kennenlerne, desto besser werde ich seine Stimme auch mitten im Alltag erkennen und erleben, dass die Welt von seiner Gegenwart und seinem Wirken durchdrungen ist. Willibald Sandler drückt es so aus: „Wir müssen wahrnehmen, was Gott gerade am Tun ist, um unser eigenes Tun ganz darauf auszurichten."

4.) Zweckfreies Zusammensein mit Freunden und Familie
Um gut zusammenleben zu können, müssen und dürfen wir uns gegenseitig Zeit schenken. Dabei kommt es nicht auf die Länge der gemeinsamen Zeit an, sondern auf die Intensität.

5.) Arbeit
Arbeit ist wichtig für unser tägliches Leben. Aber die anderen Prioritäten dürfen ihretwegen nicht vernachlässigt werden. Was ist ein angemessener Arbeitsumfang, damit ich gut leben kann?

Es geht bei dieser Priorisierung nicht um Stunden, sondern um den Stellenwert, den ich diesen Lebensbereichen in meinem Alltag einräume. Diese Rangordnung ist herausfordernd und stellt wohl das Denken vieler in unserer Gesellschaft auf den Kopf. Aber ich glaube, es lohnt sich, die eigenen Prioritäten neu zu prüfen und zu ordnen. Vielleicht wirkt dann unser Leben von außen weniger produktiv (wobei ich mir da gar nicht so sicher bin), aber auf jeden Fall wird es fruchtbarer im Reich Gottes.
Ich selbst habe in der letzten Fastenzeit versucht, Termine zu fasten. Das heißt nicht, dass ich nichts mehr getan habe. Ich habe aber versucht, einzuüben, bei allen Anfragen, Einladungen und Aufgaben, die so auf mich zukommen, kurz innezuhalten und zu fragen: Gott, ist das jetzt für mich dran? Soll ich das machen? Und es ist schon sehr erstaunlich, wie oft ich in meinem Herzen vernommen habe: „Nein, das ist nicht deine Aufgabe. Da musst du nicht dabei sein. Die kommen auch ohne dich gut zurecht." Und wenn ich es schaffe, dieser Stimme zu folgen (leider funkt mir mein gut ausgeprägtes Pflichtbewusstsein oft dazwischen), dann eröffnet sich genau in diesen gewonnenen Zeiten ein Freiraum, in dem ich hellhörig werde für das, was jetzt wirklich dran ist.

Unterscheidung der Geister

Ich glaube, in den obigen Punkten ist schon deutlich geworden, dass es eine Menge Widerstände und Kräfte gibt, die uns von einem regelmäßigen Gebetsleben und einem Leben aus der Kraft Gottes abhalten wollen. Gebet ist nicht einfach nur Wellness für die Seele, sondern in gewisser Weise auch ein Kampf und manchmal alles andere als romantisch. Ich will damit keine Angst verbreiten, dass man hinter jeder Ecke den Teufel vermuten muss, aber doch einen realistischen Blick auf die geistliche Welt öffnen. Dabei hilft uns die Unterscheidung der Geister, wie sie uns Ignatius von Loyola lehrt.

In unserem Leben und besonders auch im Gebet kommen uns viele Gefühle und Gedanken entgegen und wir dürfen lernen, diese erst einmal wahrzunehmen und zu schauen, wo sie herkommen und wohin sie uns führen. Sind sie diffus und angsteinflößend, ohne dass man es an etwas festmachen könnte, oder haben sie einen konkreten Ursprung? Führen sie mich auf längere Sicht gesehen in Trauer, Angst, Enge und Unterdrückung oder in mehr Freude, Vertrauen, Freiheit, Glaube, Hoffnung und Liebe, wenn ich ihnen nachgehe? Die Stimme Gottes ist zwar manchmal herausfordernd und es kostet Überwindung, ihr zu folgen, aber sie ist immer aufbauend, ermutigend und tröstend. Sie ist meistens viel leiser als die vielen anderen Stimmen, die z.B. sagen: „Das schaffst du sowieso nicht. Du machst dich lächerlich. Das ist ja nur peinlich. Du wirst andere enttäuschen.“ Aber genau diese andere leise Stimme gilt es immer besser kennenzulernen und ihren Spuren zu folgen: „Vertrau mir. Hab Mut. Ich bin bei dir. Du schaffst das. Versuche es noch einmal.“ Und am besten lernen wir diese Stimme in unserem Leben zu entdecken, wenn wir sie auch immer wieder im Lesen der Heiligen Schrift kennenlernen, wenn wir lernen, wie Gott tickt, wenn wir von Leuten lernen, die schon länger mit ihm unterwegs sind.

Und wie gehe ich nun mit den Stimmen, Gefühlen und Gedanken um, die eher nicht von Gott kommen? Ich versuche, ihnen nicht zu viel Raum und Macht zu geben. Ich lege sie Gott hin und bitte ihn, sie zu verwandeln. Aber Achtung, nicht bei jedem negativen Gefühl heißt es, dass es nicht von Gott kommt. Ich kann fragen: Gott, was willst du mir damit zeigen? Und ist es wirklich etwas, was mich betrifft, oder ist es etwas, das jemand anderen betrifft und wo ich vielleicht in die Fürbitte gehen soll? Auch das habe ich schon erlebt, dass ich plötzlich wie aus dem Nichts z.B. ein ganz komisches Gefühl der Zerrissenheit hatte und mir Gott dann gezeigt hat, dass dieses Gefühl jemand anderer hat und ich für diese Person in Fürbitte gehen soll.
Also in allem gilt es immer den Heiligen Geist um seine Hilfe zu bitten, dass er uns führt und zeigt, wie wir mit der jeweiligen Situation umgehen sollen. Und wir dürfen ihn auch ganz besonders um seinen Schutz bitten. Ich bitte Jesus sehr häufig darum, mir die Waffenrüstung Gottes aus dem Epheserbrief (6,14–17) anzuziehen: den Gürtel der Wahrheit, den Brustpanzer der Gerechtigkeit, die Schuhe des Evangeliums vom Frieden, das Schild des Glaubens, den Helm des Heils, das Schwert des Geistes, das ist das Wort Gottes.

Beginn des Gebets

So, nun gehen wir aber endlich tatsächlich durch die Gartentür, übertreten die Schwelle hin zur Begegnung mit unserem König und Herrn. Aber wie beginne ich diese Begegnung? Mir hilft je nach Situation Folgendes:

– Ich schlage langsam ein Kreuzzeichen über meinen Körper und stelle mich damit bewusst in die Gegenwart Gottes.

– Ich bitte den Heiligen Geist zu kommen und mit mir und in mir zu beten.

– „Kommt mit Dank durch seine Tore, mit Lobgesang in seine Höfe! Dankt ihm, preist seinen Namen!" (Psalm 100,4) Ein Schlüssel in das Herz Gottes ist also Lobpreis – Gott zu sagen, wer er für uns ist.

– Ich höre immer wieder Leute sagen: Lass deinen Alltag draußen, damit du dich ganz auf das Gebet einlassen kannst. Dazu sage ich ganz klar „Jein". Natürlich möchte ich nicht im Gebet weiter abgelenkt sein mit Alltagskram. Aber gleichzeitig sollen Gebet und Alltag nicht zwei Paar Schuhe sein. Meine Lösung: Wenn ich mit meinen Gedanken und Gefühlen noch ganz woanders bin, lege ich gleich am Beginn des Gebets alles Gott hin, was mich gerade beschäftigt. Ich tue das am liebsten, indem ich es tatsächlich laut vor ihm ausspreche und bekenne, dass es bei ihm gut aufgehoben ist, dass er Herr darüber ist und etwas Gutes daraus machen wird. Und dann versuche ich es wirklich bei ihm zu lassen. Immer wieder sagt er zu mir: „Ich kümmere mich um deine Angelegenheiten, kümmere du dich um meine."

– Ich spreche den Namen „Jesus" ein paar Mal aus und dann werde ich still und lausche.

– „Wenn dein Herz wandert oder leidet, bring es behutsam an seinen Platz zurück und versetze es sanft in die Gegenwart deines Herrn. Und selbst wenn du in deinem Leben nichts anderes getan hast, außer dein Herz zurückzubringen und wieder in die Gegenwart unseres Gottes zu versetzen, obwohl es jedes Mal wieder fortlief, nachdem du es zurückgeholt hattest, dann hast du dein Leben wohl erfüllt." (Franz von Sales)

Gebetsabschluss

Wenn wir uns in der Begegnung mit Gott ganz geöffnet haben und durchlässig werden für das, was in und um uns geschieht, dann macht uns das auch verletzlich. Deshalb ist mir in letzter Zeit wichtig geworden, am Ende der Zeit im Garten des Königs, beim Hinausgehen also, das Gartentor auch wieder bewusst zu schließen. Das heißt nicht, dass der normale Alltag nichts mit dem zu tun haben soll, was in der Gebetszeit passiert ist. Ganz im Gegenteil: Der Duft strömt ungehindert auch durch den Gartenzaun hinaus. Wir tragen die Früchte aus dem Garten mit hinaus und auf unserem Antlitz spiegelt sich die Freude, der Friede und die Liebe wider, die wir in der Gegenwart des Königs empfangen haben. Aber gleichzeitig ist es wichtig, einen Garten auch vor Wildtieren zu schützen, die das, was gewachsen ist, niedertrampeln oder auffressen könnten. So darfst du auch das schützen, was im Garten deiner Seele in der Begegnung mit Gott gewachsen ist. Falls du dich fragst, was du davon weitererzählen sollst und was nicht, hilft dir vielleicht folgendes Wort aus dem Buch Tobit als Richtschnur: „Es ist gut, das Geheimnis eines Königs zu wahren, die Werke Gottes aber zu offenbaren und ehrend zu bekennen." (Tobit 12,7)

So, das war jetzt wirklich nur eine Kurzeinführung, was auf der Schwelle hin zum Gebet hilfreich sein könnte. Probiere es in aller Freiheit aus, prüfe alles und behalte das Gute (1 Thessalonicher 5,21). Betrachte es wie ein Kochbuch. Jemand, der noch nicht so gut kochen kann, ist froh über jeden Hinweis. Doch je mehr man sich darin übt, desto mehr Experimente kann man wagen. Alles ist erlaubt, Hauptsache die Speise schmeckt am Ende gut und ist bekömmlich. Alles ist erlaubt, Hauptsache du kannst am Ende durch das Gartentor in den Garten des Königs eintreten. Du darfst sicher sein, er erwartet dich dort voller Freude mit einem liebevollen Blick und offenen Armen, egal ob du das in dem Moment wahrnehmen kannst oder nicht. Alles, was jetzt geschieht, ist Gnade.

Duft aus dem Garten

Gebete, Impulse & Meditationen

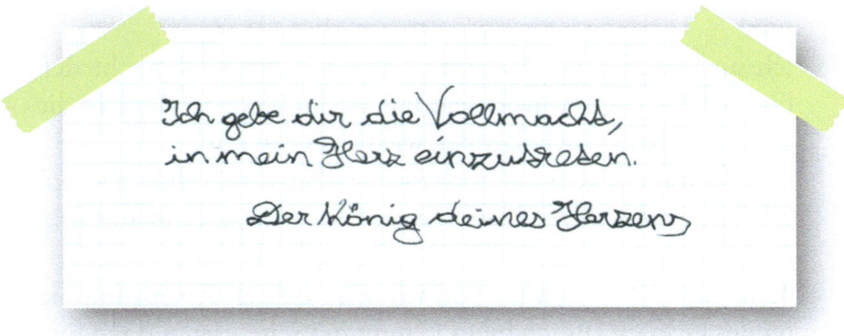
Ich gebe dir die Vollmacht,
in mein Herz einzutreten.
Der König deines Herzens

Entscheidung

Pause bei einer Tagung.
Ich war schon öfter hier und habe „meinen" Lieblingsort im Garten. Ist es asozial, wenn ich in dieser Pause nicht mit den anderen bei Kaffee und Kuchen bleibe, sondern die Zeit nutze und an meinen Lieblingsort gehe, um dort in der Stille zu sein und dir zu begegnen?
„Du kannst dich anderen nur ganz schenken, wenn du aus meiner Quelle lebst. Und ich habe Sehnsucht nach dir, also komm mit."
Ich suche also den Platz auf. Er ist ein bisschen abgeschieden hinter Büschen und trotzdem mit einem schönen Blick in die Weite. Ich freue mich darüber, wieder hier zu sein.
Da fällt mir ein, dass ich noch dringend etwas für die Arbeit zu erledigen habe. Mein Handy habe ich ja mit, also ist das kein Problem.
„Jesus first!" Mir kommt vor, ich sehe richtig dein triumphierendes Grinsen, als ich mein Handy zur Seite lege und ich nun wirklich versuche, meine Aufmerksamkeit auf dich zu richten.
Aber was sehe ich da? Es kommen Leute zu „meinem" Platz. Also Jesus, so kann ich nicht beten.
„Leute können durch deinen Gebetsplatz latschen, aber nicht durch dein inneres Heiligtum. Das schütze ich und ich gebe alles dafür, dass es geschützt bleibt, sogar mein Leben."
Okay, ich entscheide mich dafür, mich nicht über die vermeintlichen Störungen zu ärgern, sondern für das zu danken, was mir jetzt gerade geschenkt wird. Die Pause. Zeit zum Aufatmen. Die schöne Natur. ... Und fast unmerklich übertrete ich die Schwelle vom äußeren Garten in den inneren Garten, in dieses innere Heiligtum, in dem ich geschützt dir begegnen darf.

Danke

„Kommt mit Dank durch seine Tore, mit Lobgesang in seine Höfe! Dankt ihm, preist seinen Namen! Denn der HERR ist gut, ewig währt seine Huld und von Geschlecht zu Geschlecht seine Treue.“ (Psalm 100,4–5)

Danke, dass du alle inneren Schlachten mit mir kämpfst.

Danke, dass du nicht aufgibst, mich liebevoll, aber bestimmt zu überzeugen, dass es besser ist, dir das Ruder zu übergeben.

Danke für deine Zusage, dass du die Dinge im Griff hast.

Danke, dass deine Hände meine Hände und mein Herz sanft, aber bestimmt öffnen – sodass ich loslassen kann, vertrauen kann.

Danke, dass du meine Hirngespinste aufdeckst.

Danke, dass du mir hilfst, die Dinge in deinem Licht zu sehen.

Danke, dass du alles dafür gibst, mich als deinen Schatz freizulegen.

Danke, dass du mich einlädst in den Garten, mit dir allein.
Danke ...

Verborgen in der Tiefe

Jesus, immer wieder stellst du mir in letzter Zeit die Frage: „Wie liebst du mich? Erzähl es mir." Und oft fehlen mir dafür die Worte. Ich liebe dich tief in mir drinnen. Und gleichzeitig fehlt mir oft der Zugang zu dieser Tiefe. Manchmal ist es mir, als wärst du in mir wie in einem Stein verschlossen, durch den ich nicht durchdringen kann. Und dann, ganz unerwartet, wird der Stein doch weich und ich darf eindringen in diese Tiefe zu dir, oder du sprudelt heraus aus dieser Tiefe, oder beides. Dann durchdringt mich ein tiefer Friede und tiefe Freude. Manchmal leise, manchmal jubelnd, aber immer in der Gewissheit: DU BIST DA.

Im Brunnen

Eine Freundin, die gerade durch eine schwere Zeit geht, hat mir von einem inneren Bild erzählt, das mich sehr berührt hat. Sie hat mir erlaubt, es aufzuschreiben.

Sie erzählt:

„Ich habe in meiner Verzweiflung zu Gott geschrien, er möge mich da rausholen. Ich habe selten Bilder in meinem Herzen beim Gebet, aber da hatte ich eins. Ich war in einem tiefen Brunnen und bin ganz unten im Schacht gesessen. Ich habe geschrien, Gott soll mich da rausholen. Plötzlich sind ganz oben bei der Öffnung zwei Hände mit Wunden erschienen und ich habe mir gedacht, ja, jetzt holt Jesus mich raus. Ich habe meine eigenen Hände ganz weit ausgestreckt, damit er sie ergreifen und mich rausziehen kann. Aber was geschah? Meine Hände blieben leer und Jesus ist Sprosse für Sprosse an einer Leiter heruntergestiegen, bis er ganz unten bei mir war. Dort hat er sich mir gegenüber hingesetzt und mich lächelnd angeschaut. Ich habe mir gedacht, warum setzt du dich hierhin. Du hast doch die Macht, mich da rauszuholen und jetzt sitzen wir bloß beide im Dunkeln!

Und genau das war der Punkt, denn in diesem Moment hat sich ein großer Friede in mir ausgebreitet und ich durfte spüren: Wenn ich im Dunkeln bin, lässt Gott mich auch dort nicht im Stich, sondern steigt in meine Dunkelheit herab. In dem Moment habe ich gewusst: Ich muss da jetzt durch, aber egal, was kommt, Gott ist bei mir. Er lässt mich nicht allein."

Verborgene Quelle

In meinem Bemühen und Scheitern, dir im Gebet wirklich zu begegnen und mich nicht dauernd ablenken zu lassen von Äußerlichkeiten, zeigst du mir ein Bild vor meinem inneren Auge:

Ein Teich mit einer dunklen moorigen Oberfläche, nicht sonderlich einladend. Doch du, Jesus, flüsterst mir zu: „Komm, steig hinab. Du wirst eine wunderschöne Quelle entdecken." Und ich darf einen kurzen Blick auf diese Quelle werfen. Lebendiges Wasser sprudelt aus dem Nichts. Und es glitzert golden, als würde es von der Sonne beschienen. Aber gleichzeitig ist diese Quelle selbst das Licht, das alles erhellt und lebendig macht. – Unglaublicher Friede und Glückseligkeit geht von dieser Quelle aus und will alles Sein durchdringen.

Obwohl ich einen Blick tief ins Innere des Teichs werfen durfte, stehe ich noch immer zögernd am Ufer. Mich ekelt es vor der moorigen Oberfläche. Oder habe ich sogar Angst davor?

Doch dann höre ich wieder diese ermutigende Stimme: „Komm! Ich gehe mit dir!" Ehe ich mich versehe, schlüpfst du an mir vorbei und steigst in den Sumpf. Immer tiefer sinkst du, als würdest du eine Leiter hinabsteigen. Zugleich streckst du deine Arme sehnsuchtsvoll nach mir aus und blickst mich mit barmherzigen Augen an: „Komm. Fürchte dich nicht! Ich bin da." Und mit jedem Schritt, den ich zaghaft wage, scheint es mir, als würde dein Herz jubeln vor Freude: „Ja, sehr gut, noch einen Schritt. Komm! Du schaffst das!" Danke, Herr, dass du mich nicht aufgibst, auch wenn ich aufgeben will.

Danke, dass du mich anfeuerst und mir Mut machst, die Angst vor dem Schlamm dieser Welt abzulegen, ihm nicht so viel Bedeutung zu geben und mutig in ihn einzutauchen, um mit dir und durch dich zu dieser wunderschönen Quelle, zu dir, dreifaltiger Gott, zu gelangen. Hier darf ich staunend vor dir knien, dich schweigend anbeten und in diesem schweigenden Lobpreis doch das ganze All mit deiner liebenden Gegenwart durchdringen.

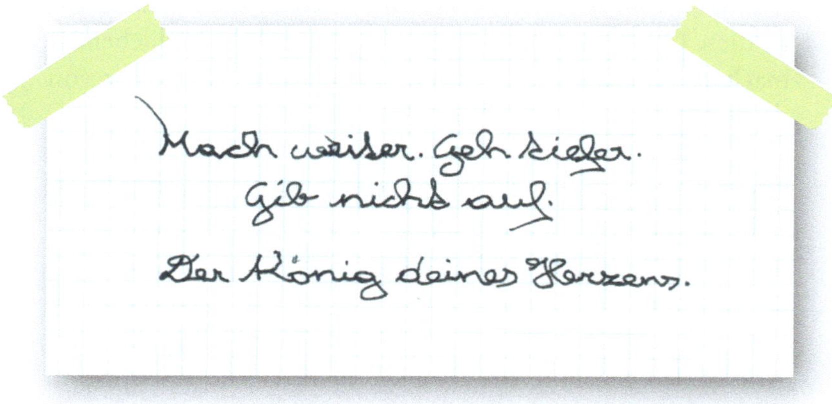

Fruchtbarer Boden

„Und ein anderer Teil fiel auf guten Boden, ging auf und brachte hundertfach Frucht.“ (Lukas 8,8)

Ich will bereit sein für dich, ich will fruchtbarer Boden für dich sein.

Wie ist fruchtbarer Boden?

❧ Fruchtbarer Boden ist bereit, sich umpflügen zu lassen.
Herr, handle an mir, nach deinem Gefallen.

❧ Fruchtbarer Boden ist locker und von Luft durchströmt.
Herr, brich auf, was verhärtet ist in mir und lass deinen Heiligen Geist wehen in mir.

❧ Fruchtbarer Boden weiß, dass er ohne Samen nutzlos und unbedeutend, mit Samen aber lebensnotwendig ist.
Herr, nicht aus mir selbst, sondern in dir und durch dich möchte ich Frucht bringen.

❧ Fruchtbarer Boden gibt seine Mineralstoffe für das Wachstum her.
Herr, so will auch ich die Gaben und Fähigkeiten, die du mir geschenkt hast, einsetzen für dein Reich.

❧ Fruchtbarer Boden lässt sich immer wieder von Dornen und Disteln befreien, damit diese nicht die gute Saat überwuchern.
So will auch ich immer wieder innehalten, von dir meinem göttlichen Gärtner alle Lügen aufdecken lassen und alles loslassen und dir übergeben, was die Fruchtbarkeit für dein Reich hemmt.

❧ Um fruchtbar zu bleiben und nicht ausgelaugt zu werden, muss der Boden regelmäßig brachliegen – scheinbar nutzlos.
So will auch ich meine Arbeit und Pflichten immer wieder beiseitelegen und einfach zweckfrei da sein vor dir.

❧ Fruchtbarer Boden darf nicht vergiftet werden und wird immer wieder durch reines Wasser erneuert.
So soll auch mein Herz immer wieder rein gewaschen werden durch deine göttlichen Ströme lebendigen und verzeihenden Wassers.

❧ Fruchtbarer Boden ist geduldig. Auch wenn man lange nichts sieht, setzt er sein ganzes Vertrauen und seine Hoffnung darauf, dass in der dunklen Verborgenheit seines tiefsten Inneren der Samen zu wachsen beginnt und eines Tages Frucht bringen wird.
So will auch ich mein Verlangen nach Kontrolle, Sicherheit und sichtbaren Zeichen (vgl. Markus 8,11–13) abgeben und im Vertrauen auf dein Wirken durch Ausdauer Frucht bringen (vgl. Lukas 8,15).

❧ Und schlussendlich findet fruchtbarer Boden seine ganze Erfüllung darin, den Samen bedingungslos in sich aufzunehmen und wirken zu lassen – zur Ehre Gottes und zum Heil der Menschen.
So will ich mich formen lassen von Maria, sie verkörpert den fruchtbaren Boden. Ich will mit ihr gemeinsam das FIAT – JA mir geschehe nach deinem Willen – sprechen und so dich aufnehmen, du göttliches Wort, das auch in mir Fleisch werden und Frucht bringen will.

Amen.

Der Gartenzaun

In letzter Zeit fordern mich Gespräche mit Freunden heraus und wecken in mir die Sehnsucht, dich wieder mehr in Einsamkeit und Stille zu suchen, auf dich und deinen Herzschlag zu lauschen, mich von dir formen zu lassen, nach deinem Willen zu fragen – nicht nur in konkreten Alltagssituationen, sondern tiefergehend. Mit dir gemeinsam will ich in die tiefsten Schichten deines und meines Herzens eindringen und darin Wohnung nehmen.

So wie die Pflanzen meinen Gartenzaun umranken und immer mehr damit verwoben werden, so sollst auch du mein Herz mehr und mehr durchdringen, sodass am Ende nur noch du sichtbar bist.
Und auch umgekehrt: So wie die Pflanze vorsichtig, aber sehnsuchtsvoll und unaufhaltsam, ihre Triebe nach den Lücken im Zaun ausstreckt und der Zaun ihr bereitwillig Einlass und Halt gewährt, so will ich deiner Einladung in die Tiefen deines Herzens folgen, wo du mir immer mehr dein Wesen und deine tiefste Sehnsucht offenbarst – deine Sehnsucht, gesucht, erkannt und geliebt zu werden.

„Es ist anstrengend und braucht viel Zeit, aber es lohnt sich", sagt ein Freund. Ja, es gibt tausend Gründe, sich ablenken zu lassen und in Aktionismus zu verfallen. Und es gibt nur einen Grund, bei dir zu bleiben. Der Grund bist DU. Das genügt.

Die Antwort der Braut

„Wie der Bräutigam sich freut über die Braut,
so freut sich dein Gott über dich."
(Jesaja 62,5)

Der Bräutigam hat sich offenbart. Aber wie steht es um das Herz der Braut?

❧ Eine Braut ist mit ihrem Herzen immer beim Bräutigam, egal, was sie tut.
Diese Haltung soll meinen Alltag prägen.

❧ Eine Braut bespricht mit ihrem Bräutigam, welche Gäste eingeladen werden sollen und wie die Einladung gestaltet werden soll, damit die Gäste sich willkommen fühlen, kommen wollen, sich vorbereiten, auf den Weg machen und auch wirklich hinfinden zum Fest.
Oh Herr, zeig mir die Menschen, die du durch mich einladen willst zum himmlischen Hochzeitsfest. Schenke mir ein großes liebevolles Herz für sie und viel Kreativität, Phantasie und Mut, damit ich die richtigen Gesten und Worte finde, sie zu begleiten auf dem Weg zum Fest ohne Ende.

❧ Eine Braut macht sich bereit für den Bräutigam. Sie zieht ihr Brautkleid an. Doch ihre eigentliche Schönheit strahlt von innen heraus aus der Gewissheit, dass sie geliebt ist.
Immer wieder will ich mich bewusst in diese Gewissheit hineinstellen, von dir geliebt zu sein. In erster Linie will ich für dich schön sein, doch ich will durch mein Dasein auch vor der Welt bezeugen, dass es schön ist, deine Braut zu sein.

❧ Eine Braut spricht ihr bedingungsloses JA zum Bräutigam.
Jeden Tag neu möchte ich mich in das einst voll Liebe gesprochene JA hineinstellen und in die Wahrheit des geschlossenen Bundes eintreten und zu dir stehen, auch in schwierigen Situationen.

❧ Eine Braut ist bereit, auch schwere Wege mit und für den Bräutigam zu gehen.
Im Wissen, dass du den Weg zuerst gegangen bist und ihn mit mir gehst, bin ich bereit, mein Kreuz auf mich zu nehmen und dir nachzufolgen. Denn du hast Pläne des Heils und nicht des Unheils. (Jeremia, 29,11)

❧ Eine Braut kennt ihren Bräutigam und will trotzdem sein Herz täglich neu und voller Liebe erforschen.
Jesus, erhalte und vertiefe in mir die liebevolle Neugierde, dich und dein Herz immer besser kennen und lieben zu lernen, dein Wort zu hören und zu verstehen.

❧ Eine Braut wartet voll Sehnsucht auf die Hochzeitsnacht, wo sie sich endlich ihrem Bräutigam mit Leib und Seele in der ganzen Fülle hingeben darf und eins werden kann mit ihm.
Mein Bräutigam, ich kann nur jubeln darüber, dass du mich die Sehnsucht gelehrt hast, mich dir ganz hinzugeben, bei dir zu bleiben, dich zu lieben und meinen Blick nicht mehr von Dir zu wenden in der Königskammer deines Herzens.

Und schlussendlich...
❧ Eine Braut sehnt sich danach, fruchtbar zu sein.
Herr, mach mich fruchtbar für dein Reich. Lass mich reifen in geistlicher Mutterschaft, auf dass in meiner Gegenwart viele in deine Liebe hineinwachsen.
Oh Herr, schenk mir das Herz einer Braut. Immer mehr. Amen.

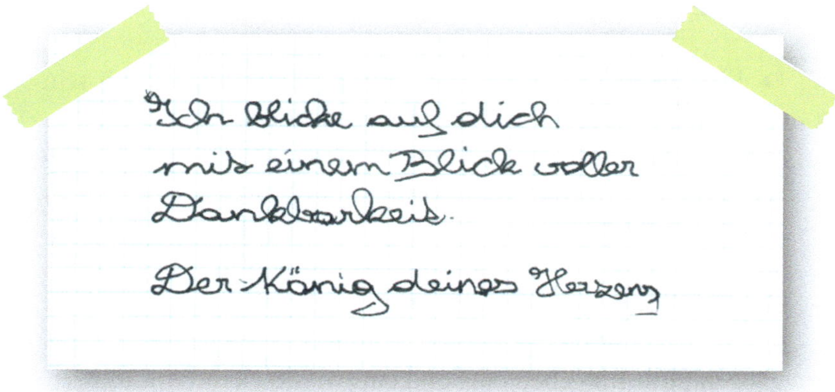
Ich blicke auf dich
mit einem Blick voller
Dankbarkeit.
Der König deines Herzens

König der Wunden

Heute wurde mir im Gebet ein Bild geschenkt, während ich Jesus bat, der König über mein Leben und auch über meine Wunden zu sein:
Ich sah einen leeren Raum, in dessen Mitte ein kleines Mädchen wie ein Häufchen Elend ganz verängstigt und wimmernd am Boden lag. Es war zerzaust, schmutzig, voller blutender Striemen und hatte zerlumpte Kleider an.
Da betrat Jesus den Raum, beugte sich zu dem Mädchen hinunter, hob es vorsichtig hoch und drückte es an sich. Das Mädchen schmiegte seinen zerschundenen Körper in Jesu Arme und vergrub sein weinendes Gesicht in seiner Brust. Tränen flossen und Jesus sprach beruhigend: „Keine Angst, ich bin da."
Und plötzlich verwandelten sich die Lumpen in ein strahlend weißes Kleid, die Haare waren nicht mehr zerzaust, sondern glänzten seidig und waren mit Edelsteinen und Perlen geschmückt. Der verkrustete Dreck fiel zu Boden und die Wunden von früher leuchteten golden. Das Mädchen verwandelt sich nun zu einer jungen Frau. Noch immer hält Jesus sie im Arm. Aber jetzt steht sie vor ihm und sieht ihn mit strahlenden Augen an, während sein heilender Blick tief in ihr Herz dringt.
Sie ist seine Braut. Ein Tanz beginnt.
„Darf ich das sein, Jesus?" – „Du bist es. Du und die ganze Kirche."
DANKE

Ich umhülle dich mit meinem Gewand.
Ich hülle dich ein in meine Liebe.
Der König
deines Herzens

Barmherzige Dreifaltigkeit

Bildmeditation zum gleichnamigen Werk von Schwester Caritas Müller

Ja, manchmal fühlt es sich an wie sterben. Und dann darf ich in deine Liebe hineinsterben.

Gehalten in deinen starken und liebevollen Armen, Vater, der du liebevoll und beruhigend deine Wange an meinen herunterhängenden Kopf schmiegst. Deine Hände, die mich umfassen, bringen mein Herz aus Stein voller schwarzer, klebriger und erstickender Masse wieder zum Schlagen. Langsam wird es weich und verwandelt sich wieder in ein Herz aus Fleisch und Blut.

Denn du, Heiliger Geist, kommst herbeigeeilt mit Strömen von lebendigem und reinigendem Wasser, durchdringst mich, hauchst mir neuen Lebensatem ein, entzündest mein Herz mit dem Feuer der göttlichen Liebe.

Und du, mein Jesus, bist dir nicht zu schade, dich hinzuknien, meine Füße, die auf Abwegen waren und durch den Dreck gegangen sind, zu waschen, zu küssen, ihnen trotz all ihrer Makel die Aufmerksamkeit und Liebe zu schenken, die ich ihnen manchmal nicht gebe.

Oh ja, wer in deine Liebe hineinstirbt, du dreieiniger Gott, der wird zu neuem Leben auferstehen, jeden Tag neu.

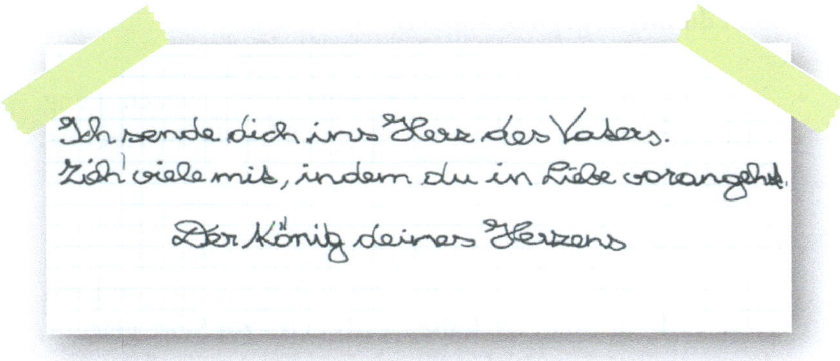
Ich sende dich ins Herz des Vaters.
Zieh' viele mit, indem du in Liebe vorangehst.
Der König deines Herzens

Im Licht deiner Liebe

Es ist gut, wenn wir immer wieder alle Bereiche unseres Lebens von Gottes Licht durchfluten lassen. Jedes einzelne Zimmer unserer Seele. Auch die Räume, die wir vielleicht nicht so gerne anschauen. Es ist gut, alle Lebenslügen von ihm aufdecken zu lassen und in seine Wahrheit verwandeln zu lassen:
Jesus, du bist der WEG, die WAHRHEIT und das LEBEN. Von dir will ich meine Lebenslügen verwandeln lassen:

- „Ich stehe immer im Weg. Es ist kein Platz für mich." – Dem hältst du entgegen: **„Es ist gut, dass du da bist."**

- „Ich raube den Menschen Zeit und Kraft." – Dem hältst du entgegen: **„Du bist ein Geschenk für andere."**

- „Andere rauben mir Zeit und Kraft." – Dem hältst du entgegen: **„Jeder Augenblick ist ein Geschenk von mir, in dem du mir begegnen kannst."**

- „Ich muss mir meinen Wert und meine Daseinsberechtigung verdienen." – Dem hältst du entgegen: **„Ich will, dass du bist. Das genügt."**

- „Manche Menschen sind einfach nur nervig und eine Last für mein Leben." – Dem hältst du entgegen: **„Sie sind ein Geschenk für dich. Ich habe sie dir extra zur Seite gestellt, damit du in deiner Liebesfähigkeit reifen kannst."**

Führe die Liste fort. Schreibe auf, in welche ganz persönlichen Bereiche deines Lebens du noch das Licht der Wahrheit Jesu leuchten lassen willst.

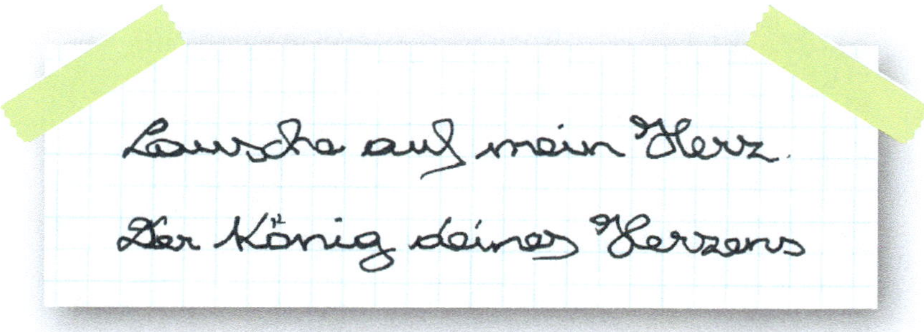
Lausche auf mein Herz.
Der König deines Herzens

Göttliche Schwerkraft

Mein Herr!

Dich zu erkennen hat Saulus zum Paulus gemacht – vom großen Starken zum kleinen Schwachen. Dein Antlitz hat ihn vom hohen Ross des Stolzes geholt und er konnte sich von nun an sogar seiner Schwachheit rühmen, weil er wusste, dass du es bist, der genau in dieser Schwachheit stark sein kann. Von nun an bist du die Schwerkraft seines Lebens. Wie man die Schwerkraft nicht ausschalten kann, und immer von ihr gezogen wird, so ziehst du ihn – und auch mich – in allen Situationen des Lebens (und mögen sie noch so widerwärtig sein) näher zu dir.

Doch das Prinzip deiner Schwerkraft ist es, nicht hinunterzuziehen, sondern hinauf. Plötzlich fühlt man sich viel leichter. Das durfte ich heute nach der Beichte deutlich erleben. Danke, dass du uns unermüdlich an dich ziehst!

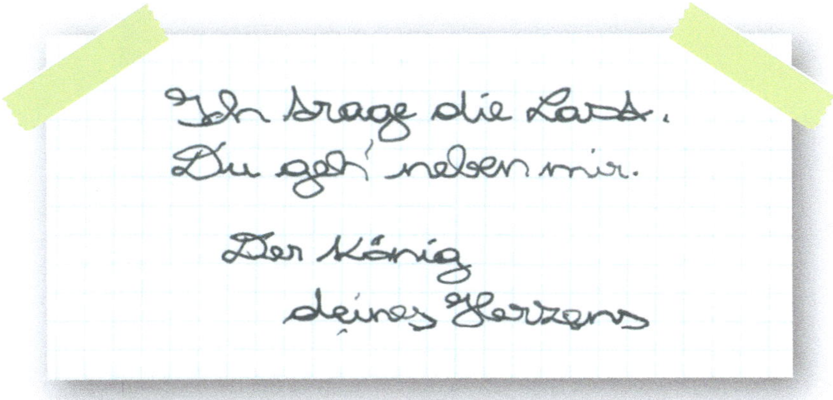

Sorgenthron

Ich sitze im Gebet zu den Füßen Jesu und er fordert mich auf, ihm all meine Sorgen zu übergeben. Das mache ich. Er nimmt sie entgegen und setzt sich drauf. Vor meinem inneren Auge sieht es aus wie ein Holzstapel, auf dem er sitzt. Der Stapel wird mit jeder Sorge, die ich Jesus gebe, größer und am Ende ist es schon fast wie ein Thron.

Doch ganz kann ich meine Sorgen doch nicht loslassen. Meine Gedanken kreisen weiter darum und ich sehe vor meinem inneren Auge, wie sich meine Hand nach dem „Sorgenstapel" ausstreckt. Doch Jesus hält meine Hand zurück. „Halt", sagt er lächelnd, aber bestimmt, „du willst doch nicht riskieren, dass mein Sitz zusammenkracht."

Lebendig, leidenschaftlich und sehnsuchtsvoll Braut Christi sein

Impulse für eine Woche

Tag 1 – Lebendig werden (Ezechiel 37,1–14)

Wir beschäftigen uns in dieser Woche mit meinem absoluten Lieblingsthema. Was bedeutet es, lebendig, leidenschaftlich und sehnsuchtsvoll Braut Christi zu sein? Ihr Männer, keine Sorge, das ist nicht nur ein romantisches Mädchen-Thema. Es gilt auch, heldenhaft und mutig an Christi Seite zu kämpfen, wenn man in einer intensiven Beziehung mit ihm lebt. Das werden wir gleich sehen. Bitte schlagt heute in der Bibel im Alten Testament das Buch Ezechiel Kapitel 37 Verse 1 bis 14 auf. (Die Bibelstellen sind zwar auch hier in diesem Buch abgedruckt, aber meiner Erfahrung nach ist es schöner, in der eigenen Bibel zu lesen. Da kann man dann auch die Stellen markieren, die einen besonders berührt haben. So wird die Bibel nach und nach zu einer ganz persönlichen Bibel.)
Ihr kennt bestimmt alle das Märchen Dornröschen. Verwundet durch eine Nadel fällt die Prinzessin in einen tiefen Schlaf. Der Turm, in dem sie schläft, ist umrankt von undurchdringlichen Dornen und erst nach 100 Jahren gelingt es einem Prinzen, die Dornen zu durchdringen. Er küsst das Mädchen wach, nimmt sie auf einem Pferd mit zu sich nach Hause und heiratet sie.

Das ist mehr als eine romantische Geschichte. Und für die

Männer unter euch hat der Prophet Ezechiel im Kapitel 37 eine Vision aufgeschrieben, in der es letztendlich um das Gleiche geht. Ich lade dich ein, die Stelle langsam und vielleicht sogar öfter zu lesen, sodass du dich richtig hineinversetzen kannst in das, was da beschrieben wird:

Schriftwort Ezechiel 37,1–14

Vision von der Auferweckung Israels

„Die Hand des HERRN legte sich auf mich und er brachte mich im Geist des HERRN hinaus und versetzte mich mitten in die Ebene. Sie war voll von Gebeinen.
Er führte mich ringsum an ihnen vorüber und siehe, es waren sehr viele über die Ebene hin; und siehe, sie waren ganz ausgetrocknet.
Er fragte mich: Menschensohn, können diese Gebeine wieder lebendig werden? Ich antwortete: GOTT und Herr, du weißt es.
Da sagte er zu mir: Sprich als Prophet über diese Gebeine und sag zu ihnen: Ihr ausgetrockneten Gebeine, hört das Wort des HERRN! So spricht GOTT, der Herr, zu diesen Gebeinen: Siehe, ich selbst bringe Geist in euch, dann werdet ihr lebendig. Ich gebe euch Sehnen, umgebe euch mit Fleisch und überziehe euch mit Haut; ich gebe Geist in euch, sodass ihr lebendig werdet. Dann werdet ihr erkennen, dass ich der HERR bin.
Da sprach ich als Prophet, wie mir befohlen war; und noch während ich prophetisch redete, war da ein Geräusch: Und siehe, ein Beben: Die Gebeine rückten zusammen, Bein an Bein. Und als ich hinsah, siehe, da waren Sehnen auf ihnen, Fleisch umgab sie und Haut überzog sie von oben. Aber es war kein Geist in ihnen.
Da sagte er zu mir: Rede als Prophet zum Geist, rede prophetisch, Menschensohn, sag zum Geist: So spricht GOTT, der Herr: Geist, komm herbei von den vier Winden! Hauch diese Erschlagenen

an, damit sie lebendig werden!
Da sprach ich als Prophet, wie er mir befohlen hatte, und es kam der Geist in sie. Sie wurden lebendig und sie stellten sich auf ihre Füße – ein großes, gewaltiges Heer.
Er sagte zu mir: Menschensohn, diese Gebeine sind das ganze Haus Israel. Siehe, sie sagen: Ausgetrocknet sind unsere Gebeine, unsere Hoffnung ist untergegangen, wir sind abgeschnitten. Deshalb tritt als Prophet auf und sag zu ihnen: So spricht GOTT, der Herr: Siehe, ich öffne eure Gräber und hole euch, mein Volk, aus euren Gräbern herauf. Ich bringe euch zum Ackerboden Israels. Und ihr werdet erkennen, dass ich der HERR bin, wenn ich eure Gräber öffne und euch, mein Volk, aus euren Gräbern heraufhole. Ich gebe meinen Geist in euch, dann werdet ihr lebendig und ich versetze euch wieder auf euren Ackerboden. Dann werdet ihr erkennen, dass ich der HERR bin. Ich habe gesprochen und ich führe es aus – Spruch des HERRN.

Ezechiel sieht überall Gebeine herumliegen. Nichts als Tod weit und breit und er bekommt den prophetischen Auftrag von Gott, diesen leblosen Gebeinen Gottes Geist einzuhauchen, auf dass sie lebendig werden. Und sie werden lebendig, aber wie! Sie stehen auf zu einem Heer, bereit, für den Herrn zu kämpfen, an seiner Seite und sie werden von ihm, ihrem König, nach Hause geführt. Und man kann sich vorstellen, was da für eine Party abgeht, nach erfolgreich geschlagener Schlacht.
Egal, welche Geschichte du bevorzugst. Ich lade dich ein, heute deine Wunden, das, was an dir leblos geworden ist, dem Herrn hinzuhalten, dich von ihm wachküssen und mit seinem lebendigen Geist durchdringen zu lassen.
Die toten Gebeine im Buch Ezechiel werden lebendig, als ihnen das der Prophet im Auftrag Gottes zuspricht. Worte haben Macht. Deshalb lade ich dich ein, diese Lebendigkeit, die Gott

dir schenkt, über dein Leben auszusprechen. Du kannst mit folgendem Gebet beginnen.

Gebet

Herr, du kennst meine Wunden. Schau sie an, benutze du genau diese Wunden, diese Leblosigkeit in mir, um dich zu verherrlichen. Hauch mich an mit deinem Geist und mach mich lebendig. Sende mich und hilf mir, die Kämpfe in meinem Leben an deiner Seite zu bestehen. Und bitte, Herr, führe mich zu dir nach Hause in dein Vaterherz. Amen.

Tag 2 – Leidenschaftlich umkämpft (Ezechiel 36,25– 28)

Bist du bereit für die nächste stille Zeit?

Nimm dir ein paar Minuten, um dein Herz ganz für Gott zu öffnen und auf das zu hören und zu spüren, was er dir heute sagen will. Heute hilft uns dabei das Buch Ezechiel (36,25–28) im Alten Testament. Gefunden? Dann geht's los!

Noch einmal möchte ich das Märchen Dornröschen bemühen, um eine Wahrheit über Gott deutlich zu machen. Der Turm, in dem Dornröschen schläft, ist umrankt mit Dornen. Nicht nur die Steinmauern des Turmes, sondern auch diese spitzen Dornen machen den Weg zu ihr und ihrem Herzen undurchdringlich. Viele versuchen, dieses Dickicht zu durchdringen, aber schaffen es nicht. Nur einer riskiert sein Leben, um Dornröschen zu retten aus ihrer Gefangenschaft, und das ist der Prinz. Wieder ist das nicht nur ein romantisches Märchen.

Mit einer großen Leidenschaft kämpft Gott um unser Herz.

Jesus will seine Braut befreien von den undurchdringlichen Steinmauern, die sie um sich aufgebaut hat. Ein Schutzwall wegen der vielen Wunden, die uns zugefügt worden sind. Aber der Prophet Ezechiel gibt uns Hoffnung und zeigt uns die Wahrheit über unser Herz.

Schriftwort Ezechiel 36,25–28

„Ich gieße reines Wasser über euch aus, dann werdet ihr rein. Ich reinige euch von aller Unreinheit und von all euren Götzen. Ich schenke euch ein neues Herz und lege einen neuen Geist in euch. Ich nehme das Herz von Stein aus eurer Brust und gebe euch ein Herz von Fleisch. Ich lege meinen Geist in euch und bewirke, dass ihr meinen Gesetzen folgt und auf meine Gebote achtet und sie erfüllt. Dann werdet ihr in dem Land wohnen, dass ich euren Vätern gab. Ihr werdet mein Volk sein, und ich werde euer Gott sein."

Gebet

Herr ich danke dir, dass du so leidenschaftlich um mein Herz kämpfst. Ich danke dir, dass mein Leben dir so wertvoll ist, dass du dein Leben dafür hingibst. Ja, ich will heute zulassen, dass du die Dornen und Mauern durchdringst und aufbrichst. Ich muss mein verwundetes Herz nicht länger dahinter verbergen. Denn du reinigst es und gibst mir ein neues Herz von deinem Fleisch. Ein Herz, in dem dein Blut fließt und dein Geist schlägt. Amen.

Tag 3 – Intimität mit Christus (Hohelied 2,10–17)

Liebst du den Frühling? Dann wartet heute ein ganz besonderes Geschenk auf dich. Bist du bereit für einen ganz besonderen Spaziergang mit Gott? Nimm dir wieder ein paar Minuten, um dein Herz ganz für Gott zu öffnen und auf das zu hören und zu spüren, was er dir heute auf diesem Spaziergang sagen will. Dabei hilft uns das Hohelied der Liebe 2,10–17. Lausche auf SEINE Stimme, die zu DEINER Seele spricht:

Schriftwort Hohelied 2,10–17

„Mein Freund antwortet und spricht zu mir: Steh auf, meine Freundin, meine Schöne, und komm her! Denn siehe, der Winter ist vergangen, der Regen ist vorbei und dahin. Die Blumen sind hervorgekommen im Lande, der Lenz ist herbeigekommen und die Turteltaube lässt sich hören in unserem Lande. Der Feigenbaum lässt Früchte reifen und die Weinstöcke blühen und duften. Steh auf, meine Freundin, und komm, meine Schöne, komm her! Meine Taube in den Felsklüften, im Versteck der Felswand, zeige mir deine Gestalt, lass mich hören deine Stimme; denn deine Stimme ist süß und deine Gestalt ist lieblich. Fangt uns die Füchse, die kleinen Füchse, die die Weinberge verderben; denn unsere Weinberge haben Blüten bekommen.
Mein Freund ist mein und ich bin sein, der unter Lotosblüten weidet. Bis es Tag wird und die Schatten schwinden, wende dich her gleich einer Gazelle, mein Freund, oder gleich einem jungen Hirsch auf den Balsambergen."

Nachdem der König leidenschaftlich um dich gekämpft hat, sein Leben gegeben hat, um dich lebendig zu machen, ruft er dich nun, in einer wirklich intimen Beziehung mit ihm zu leben. Er ruft dich sehnsuchtsvoll: „Steh auf! So komm doch!" Bitte den Herrn heute, dich immer mehr in diese Intimität mit ihm hineinzuführen.

Gebet

Herr, zeige mir diesen Garten, in den du mich rufst, diesen Platz, der nur uns gehört. Diesen Platz, an dem ich mich dir ohne Masken zeigen kann und an dem du dich mir zeigst, so wie du wirklich bist. Amen.

Tag 4 – Identität in Christus (Hohelied 4)

Der König sieht dich heute mit einem ganz besonderen Blick an. Es ist nicht ein prüfender, berechnender Blick, sondern ein liebevoller barmherziger Blick, der jetzt schon die Person in dir sieht, zu der du werden wirst. Ich lade dich ein, dich heute unter diesen liebevollen Blick zu stellen. Die Zusagen aus Hohelied 4 sollen dich dabei inspirieren.

Schriftwort Hohelied 4

„Siehe, schön bist du, meine Freundin, siehe, du bist schön. Hinter dem Schleier deine Augen wie Tauben. Dein Haar gleicht einer Herde von Ziegen, die herabzieht von Gileads Bergen. Deine Zähne sind wie eine Herde frisch geschorener Schafe, die aus der Schwemme steigen, die alle Zwillinge haben, der Jungen beraubt ist keines von ihnen. Wie ein purpurrotes Band sind deine Lippen und dein Mund ist reizend. Dem Riss eines Granatapfels gleicht deine Wange hinter deinem Schleier. Wie der Turm Davids ist dein Hals, in Schichten von Steinen erbaut; tausend Schilde hängen daran, lauter Waffen von Helden. Deine Brüste sind wie zwei Kitzlein, die Zwillinge einer Gazelle, die unter Lilien weiden. Wenn der Tag verweht und die Schatten fliehen, will ich zum Myrrhenberg gehen, zum Weihrauchhügel. Alles an dir ist schön, meine Freundin, kein Makel haftet dir an. Mit mir vom

Libanon, Braut, mit mir kommst du vom Libanon, vom Gipfel des Amana steigst du herab, vom Gipfel des Senir und des Hermon, von den Lagern der Löwen, von den Bergen der Panther. Verzaubert hast du mich, meine Schwester Braut; verzaubert mit einem Blick deiner Augen, mit einer Perle deiner Halskette. Wie schön ist deine Liebe, meine Schwester Braut, wie viel süßer ist deine Liebe als Wein, der Duft deiner Salben köstlicher als alle Balsamdüfte. Honigseim tropft von deinen Lippen, Braut, Honig und Milch sind unter deiner Zunge. Der Duft deiner Kleider ist wie der Duft des Libanon. Ein verschlossener Garten ist meine Schwester Braut, ein verschlossener Born, ein versiegelter Quell. An deinen Wasserrinnen – ein Granatapfelhain mit köstlichen Früchten, Hennadolden samt Nardenblüten, Narde, Krokus, Gewürzrohr und Zimt, alle Weihrauchbäume, Myrrhe und Aloe, allerbester Balsam.
Die Quelle des Gartens bist du, ein Brunnen lebendigen Wassers, das vom Libanon fließt. Nordwind, erwache! Südwind, herbei! Durchweht meinen Garten, lasst strömen die Balsamdüfte! Mein Geliebter komme in seinen Garten und esse von seinen köstlichen Früchten!"

Gebet

Gott zeige mir heute wieder neu, wie du mich siehst. Zeige mir Dinge, die du in mich hineingelegt hast und die ich vielleicht noch gar nicht entdeckt habe. Hilf mir, nicht zu sehr auf das zu hören, wie andere mich definieren, sondern meine Identität in dir zu finden. Amen.

Tag 5 – Autorität aus Christus (Hohelied 6,1–5a)

Und, gehst du noch hin und wieder mit Gott im Garten deiner Seele spazieren und lässt dir von ihm all das Wunderbare zeigen, was da wächst? Wenn du das regelmäßig machst, wird es dort zu blühen anfangen und unweigerlich werden andere den Duft wahrnehmen und nach der Grundlage deines Lebens fragen. So ist es zumindest unserer Geliebten aus dem Hohelied der Liebe ergangen:

Schriftwort Hohelied 6,1–5a

„Wohin ist dein Geliebter gegangen, du schönste der Frauen? Wohin wandte sich dein Geliebter? Wir wollen ihn suchen mit dir.
Mein Geliebter ging in seinen Garten hinab zu den Balsambeeten, um in den Gärten zu weiden, um Lilien zu pflücken. Ich gehöre meinem Geliebten und mein Geliebter gehört mir, der unter Lilien weidet.
Schön bist du, meine Freundin, wie Tirza, lieblich wie Jerusalem, Furcht erregend wie Heerscharen. Wende deine Augen von mir, denn sie verwirren mich." (Hohelied 6,1–5a)

Jetzt merken sogar ihre Freundinnen schon, dass da irgendetwas Besonderes vor sich gegangen ist. Sie erkennen plötzlich ihre Schönheit und sie wollen auch zu diesem besonderen Geliebten. Und die Geliebte weiß, wo ihr Geliebter zu finden ist, auch in den Zeiten, wo sie ihn nicht spürt. Er ist in seinem Garten. Im Garten ihres Herzens darf er umhergehen und sich erfreuen. Wenn er einen solchen Ruheplatz in unserem Herzen findet, kann er uns seine Freunde bringen – die zerbrochenen, verzweifelten Menschen, die er so gern heilt. Und er ist so fasziniert von uns, dass er unseren Augen keine Bitte abschlagen kann. Diese Autorität schenkt er uns als seine Braut. Mit seiner Vollmacht dürfen wir uns zu den Menschen senden lassen und er schenkt uns gleichzeitig die Vollmacht, für sie bei ihm einzutreten.

Gebet

Jesus, durchdringe du mich heute ganz und gar, dass ich aus deiner Autorität heraus handle und zeige mir heute, in welchem Bereich du mich senden willst, um an deiner Seite und aus deiner Autorität heraus zu wirken. Amen.

Tag 6 – Leben mit Vision (Hohelied 7,11–14)

Bist du wieder bereit für einen Abschnitt aus dem Hohelied der Liebe und dann der Frage nachzugehen, was das mit deinem Leben zu tun haben könnte? Dann tauchen wir wieder gemeinsam ein in diese Liebesgeschichte:

Schriftwort Hohelied 7,11–14

„Mein Freund ist mein und nach mir steht sein Verlangen. Komm, mein Freund, lass uns aufs Feld hinausgehen und unter Zyperblumen die Nacht verbringen, dass wir früh aufbrechen zu den Weinbergen und sehen, ob der Weinstock sprosst und seine Blüten aufgehen, ob die Granatbäume blühen. Da will ich dir meine Liebe schenken. Die Liebesäpfel geben den Duft, und an unsrer Tür sind lauter edle Früchte, heurige und auch vorjährige: Mein Freund, für dich hab ich sie aufbewahrt.“

Die Geliebte des Königs weiß um ihren Platz und kennt das Ziel ihres Lebens. Sie gehört dem König. Ihm will sie sich

schenken, weil er Sehnsucht nach ihr hat. Und gemeinsam mit ihm will sie Frucht bringen und ihm diese Früchte zu seiner Ehre schenken.
Hast du schon die Vision entdeckt, die der Herr für dein Leben hat? „Der Platz, an den Gott dich ruft, ist dort, wo deine tiefste Beglückung und der ungestillte Hunger der Welt aufeinandertreffen." (Frederick Buechner)
Bitte ihn heute darum, dir diesen Platz neu zu offenbaren.

Gebet

Herr, ich weiß, dass du einen einzigartigen Plan für mich und mein Leben hast. Ich weiß auch, dass ich diesen Plan nicht alleine leben kann und will. An deiner Seite will ich nach dieser Vision streben, die du mir heute zeigst. Schenke mir ein hörendes Herz dafür. Amen.

Tag 7 – Sehnsuchtsvoll Braut Christi sein (Offenbarung 21,2–5)

Heute kommt das große Finale unserer spannenden Reise mit Christus, unserem Bräutigam, durch den Garten unserer Seele. Das heißt natürlich nicht, dass es jetzt zu Ende ist. Nein, ganz im Gegenteil, jetzt geht es erst richtig los! Wagen wir einen Blick in das Buch der Offenbarung, um zu sehen, was uns Wunderbares erwartet:

Schriftwort Offenbarung 21,2–5

„Und ich sah die heilige Stadt, das neue Jerusalem, von Gott aus dem Himmel herabkommen, bereitet wie eine geschmückte Braut für ihren Mann. Und ich hörte eine große Stimme von dem Thron

her, die sprach: Siehe da, die Hütte Gottes bei den Menschen! Und er wird bei ihnen wohnen, und sie werden seine Völker sein, und er selbst, Gott mit ihnen, wird ihr Gott sein; und Gott wird abwischen alle Tränen von ihren Augen, und der Tod wird nicht mehr sein, noch Leid, noch Geschrei, noch Schmerz wird mehr sein; denn das Erste ist vergangen. Und der auf dem Thron saß, sprach: Siehe, ich mache alles neu! Und er spricht: Schreibe, denn diese Worte sind wahrhaftig und gewiss!"

Die neue Stadt Jerusalem wird am Ende der Bibel beschrieben als eine Braut, die sehnsuchtsvoll auf ihren Bräutigam wartet, dass er zu ihr kommt und bei ihr wohnt. Auch wir dürfen als Kirche Christi sehnsuchtsvoll auf seine Wiederkunft warten. Wir dürfen uns freuen, dass er schon heute bei uns wohnen will, aber noch viel mehr dürfen wir uns freuen, dass es eines Tages so wunderschön und intensiv sein wird, wie wir es uns gar nicht vorstellen können.

Gebet

Jesus, manchmal weiß ich nicht, ob ich Sehnsucht nach dir habe. Ja, ich mag dich. Aber wirklich Sehnsucht? Lehre mich diese unbändige Sehnsucht nach dir und deinem Reich und wohne für immer in meinem Herzen. Amen.

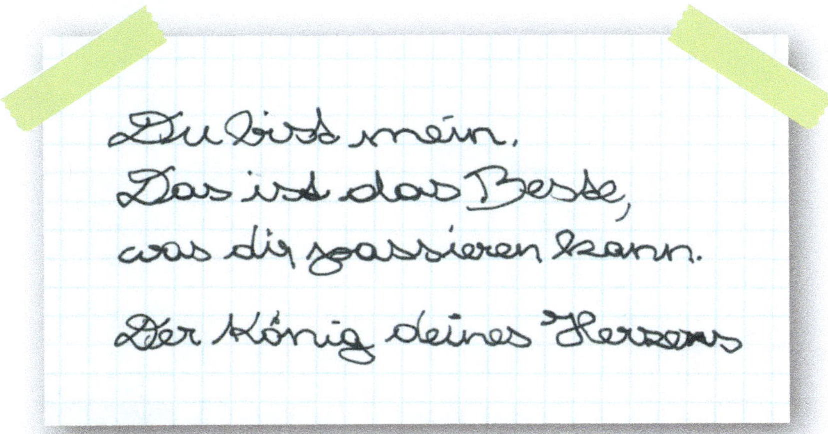
Du bist mein.
Das ist das Beste,
was dir passieren kann.
Der König deines Herzens

Heiligkeit – kein Eliteprogramm

Nicht jeder ist dazu berufen, Priester zu werden. Stimmt! Nicht jeder ist dazu berufen, Sportler zu werden. Stimmt! Nicht jeder ist dazu berufen, den Lobpreis zu leiten. Stimmt! Nicht jeder ist dazu berufen, eine Familie zu gründen. Stimmt!
Nicht jeder ist dazu berufen, heilig zu werden. Stimmt NICHT!!! Heiligkeit ist kein Elite-Programm für wenige Auserwählte. Wir alle sind zur Heiligkeit berufen. Das möchte ich euch anhand einer kleinen Geschichte, die ich vor einiger Zeit erlebt habe, näherbringen und schmackhaft machen.

Ein Lächeln

Ich sitze im Bus. Neben mir eine junge Familie. Das kleine Mädchen von etwa drei Jahren, in einem hübschen Sommerkleidchen und mit Schleife im Haar, wird unruhig in seinem Kinderwagen. Endlich hebt der Papa sie heraus und sie darf neben der Mama auf der Bank sitzen. Plötzlich ist aller Kummer vergessen und sie schaut strahlend aus dem Fenster. Ich beobachte, wie sie winkt und halte selbst Ausschau nach dem Ziel ihrer Begeisterung. An der gegenüber liegenden Haltestelle sitzt ein sehr heruntergekommen aussehender Mann. Er starrt ins Leere. Doch endlich entdeckt er seinen kleinen Fan. Ist wirklich er gemeint?? Zögernd winkt er zurück. Die Begeisterung des kleinen Mädchens wächst und sie winkt wieder mit einem strahlenden Lächeln. Unser Bus fährt weiter, aber solange es irgendwie geht, behält sie den Mann im Blick. Nun huscht auch über sein Gesicht ein Lächeln. Wahrscheinlich das erste seit langem. Wahrscheinlich wurde er schon lange nicht mehr so liebevoll beachtet.

Was hat diese Geschichte mit Heiligkeit zu tun? Schauen wir uns die einzelnen Szenen genauer an:

Das kleine Mädchen hat ein schönes Kleidchen an. Ich gehe davon aus, dass es dieses Kleidchen nicht alleine angezogen hat. Dafür ist das Mädchen noch zu klein. Die Eltern haben es so schön angezogen.

So ähnlich ist es mit unserer Taufe. Viele von uns wurden als Baby getauft. Wir haben nicht viel dazu beigetragen. Wir haben einfach so das Kleid Christi geschenkt bekommen, wurden von ihm schöngemacht und gehören nun zu Gottes Familie.

Dem Mädchen wird es zu langweilig im Kinderwagen. Es fängt an zu jammern und streckt die Hände nach dem Vater aus.

Auch uns wird es irgendwann zu langweilig in der vorbestimmten sicheren Bahn unseres Alltags. Wir können rufen: „Hey, Vater, hol mich hier raus, aus der Langeweile dieses Kinderwagens! Ich weiß, ich bin zu mehr berufen!"

Und der Vater holt das Mädchen aus dem Kinderwagen heraus.

Das fühlt sich im ersten Moment toll an, in den starken Armen des Vaters hochgehoben zu werden. Aber dann in der Luft hängen, vielleicht sogar mit dem Gesicht weggedreht vom Vater, kann doch etwas unheimlich werden, denn in dieser Phase sehen wir ihn nicht. Da bleibt nur das nackte Vertrauen, dass er hinter uns ist und dass er uns an einen guten Ort bringt. Das Beste was wir dazu beitragen können, ist stillhalten und eben vertrauen. Ich bin gehalten in den starken Händen des Vaters, auch wenn ich ihn nicht sehe. Wenn wir anfangen zu zappeln und uns zu wehren, macht das die Sache für Gott nicht einfacher. Aber auch dann wird er uns nicht fallen lassen.

Der Vater des kleinen Mädchens setzt es nun neben die Mama auf die Bank im Bus. So, dass es aus dem Fenster schauen kann.

Gott stellt uns in ein Netzwerk aus Beziehungen. Und von diesem Platz aus, an dem Gott uns hingestellt hat, können wir jetzt auf Entdeckungsreise gehen. Was tut sich da neben uns? Was sehen wir, wenn wir aus dem Fenster schauen?

Das Mädchen schaut aus dem Fenster und sieht den heruntergekommenen Mann. Es tut nicht viel. Es startet keine großen Sozialprojekte. Es macht einfach das, was in seiner Möglichkeit steht. Es winkt und lächelt ihm zu. Und diese kleine Geste verändert das Gesicht und wahrscheinlich den ganzen Tag des Mannes.

Wenn wir mit offenen Augen durch unser Leben gehen und das tun, was gerade in unserer Möglichkeit steht, wird ein Stück Himmel auf Erden spürbar, wird auch unsere Umgebung heiler und geheiligt.

Für mich zeigt diese Geschichte, dass Heiligkeit nichts mit großer Anstrengung und Perfektionismus zu tun hat, sondern mit ganz viel Vertrauen. Vertrauen, dass Gott es gut mit mir meint, auch wenn ich ihn gerade nicht wahrnehmen kann. Vertrauen, dass er einen guten Plan für mich hat, der mich in der Tiefe meines Herzens glücklich machen wird. Vertrauen, dass ich dort, wo er mich hinstellt in der Gemeinschaft der anderen Heiligen, viel bewirken kann und die Welt dadurch geheiligt und die Gegenwart Gottes spürbar wird. Nimm den Platz ein, den er für dich vorgesehen hat. Er bleibt sonst leer.

Eigentlich wäre das ein perfekter Schlusssatz. Aber ich möchte trotzdem noch ein anderes Bild mit euch teilen, das etwas zum Ausdruck bringt, was bis jetzt vielleicht etwas zu kurz gekommen ist.
Heiligkeit ist nicht etwas, das wir uns beschaffen, das wir mit unseren Eigenschaften und mit unseren Fähigkeiten erlangen. Es ist ein Durchdrungen-Werden von Gott. Und diesen Vorgang beschreibt Johannes vom Kreuz mit dem Bild eines Holzscheits im Feuer.[1]

„Solange es beim Kamin lag, schien es ein ganz anständiges Stück Holz, gerade recht, um ein ordentliches Feuer zu entfachen! Sobald es auf die Flammen gelegt wird, beginnt es weniger vielversprechend auszusehen: es wird dunkel, fängt an zu rauchen, stinkt ein wenig, sprüht Funken und zischt! Dies ist die verwirrende Erfahrung, die die meisten Menschen im Laufe ihres Lebens mit Gott machen. Sie kommen sich schlechter vor als zuvor."[2] Wie Johannes erklärt, ist das Feuer gerade dabei, alles auszutreiben, was es daran hindert, vom Holzscheit Besitz zu ergreifen und das ganze Holzscheit im Feuer zu verwandeln. Unser erster Gedanke ist da oft, dass unsere Schwäche und Unvollkommenheit verbrannt wird. Aber Johannes betont, dass es noch ein viel schlimmeres Übel gibt als unsere Sünden. Eigentlich sogar zwei schlimmere Übel, die uns auf unserem Weg der Heiligkeit hindern:

Das eine ist die häufig verbreitete Grundeinstellung: Ich bin ja eigentlich ein ganz guter Mensch. Ich tue niemandem was. Das

[1] Johannes vom Kreuz: Die dunkle Nacht.

[2] Vgl. Mary McCormack OCD: Jesus auf den ich schaue. Beten in der Tradition des Karmel. Verlag Christliche Innerlichkeit, 2014, S. 40f.

mit dem „dauernd Beten" finde ich ein bisschen übertrieben. Hauptsache man ist gut zu den Menschen um einen herum.

Ebenso schlimm wie dieses Übel ist das andere Extrem: Ich bin so schlecht, mit mir will Gott sicher nichts zu tun haben. Kann schon sein, dass es ihn gibt und dass er gut ist. Aber so jemand wie ich passt da einfach nicht dazu.

Diese beiden Übel sind es, die so zischen und fauchen, wenn das Holzscheit mit dem Feuer in Berührung kommt. Denn nur, wenn sie ausgeräumt werden, können wir so wie wir sind von Gott in Besitz genommen und verwandelt werden.

In diesem Bild gesprochen ist der erste Weg zur Heiligkeit also, dass wir mit einer großen Ehrlichkeit vor Gott stehen und ihn in alle Bereiche unseres Lebens hineinlassen, so dass er uns ganz mit dem Feuer seiner Liebe durchdringen kann, auch wenn das manchmal weh tut. Und vielleicht geht es euch ähnlich wie mir. Ich denke mir immer wieder: „Ja, Jesus, ich habe dir ja eh schon mein ganzes Leben gegeben. Was willst du denn noch?" Da ist es gut, den Heiligen Geist zu bitten, uns immer wieder neue Bereiche aufzuzeigen, die er noch mit seinem Feuer erobern will. Und meiner Erfahrung nach folgt er dieser Einladung sehr gerne und manchmal schneller als erwartet.
Also, egal, ob du noch gemütlich in deinem Kinderwagen sitzt, oder ob du dich schon weit aus dem Fenster lehnst, hin zu einem Obdachlosen. Egal, ob dein Holzscheit gerade langsam schwarz wird und stinkt und pfaucht, oder ob es lichterloh brennt. Bleib dran! Du sollst nicht Mutter Teresa werden, du sollst nicht Johannes vom Kreuz werden. Du sollst DU werden in deiner ganzen Pracht, wie dich Gott erträumt hat. Denn dein Platz soll nicht leer bleiben.

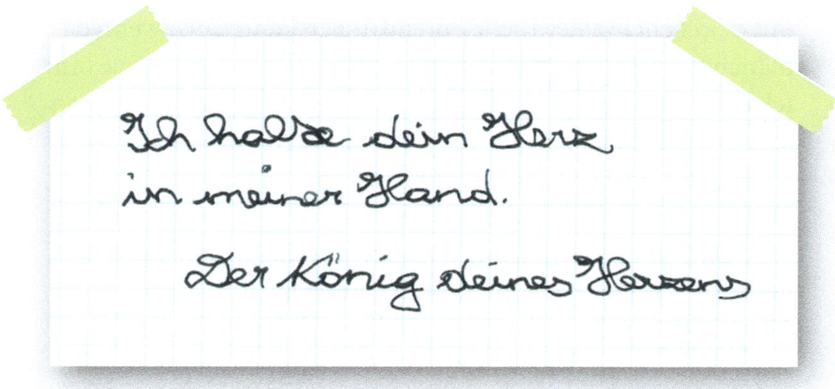
Ich halte dein Herz
in meiner Hand.
Der König deines Herzens

Entzünde in mir das Feuer

Ja, das Feuer in mir soll brennen für DICH,
es soll lodern, auch wenn es manchmal weh tut.
Und du nimmst dieses Geschenk voll Freude an,
verwandelst es und lässt reiche Frucht daraus erwachsen,
die du in deiner überströmenden Liebe – du kannst ja gar
nicht anders – wieder an uns verschenkst.
Ja, entzünde in mir das Feuer deiner Liebe.
Lass diese Liebe in mir wachsen und benutze sie,
zu deiner Ehre und zum Heil der Menschen.

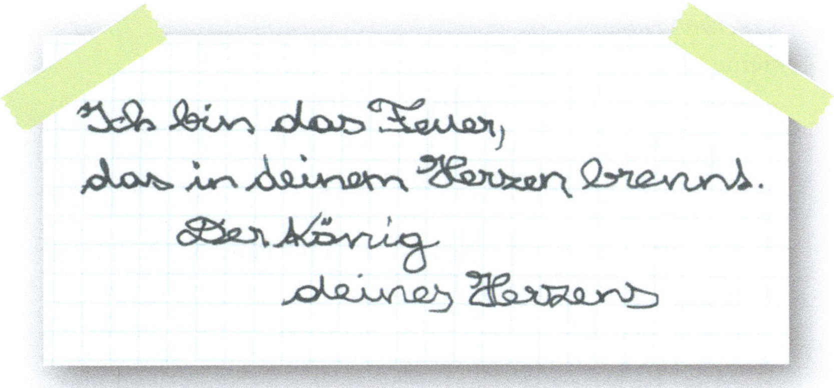

Ganz ausgerichtet auf dich

Mein Herr,
ich weihe dir mein Herz
– es schlägt für dich
meine Augen
– sie blickten auf dich, und mit deinen Augen betrachte ich die Welt
meine Lippen
– sie küssen dich
meine Zunge
– sie preist dich
meine Ohren
– sie hören auf dich
meine Nase
– sie vernimmt deinen Wohlgeruch, deine Gegenwart auch in Verborgenheit
meine Hände
– sie tragen dich in die Welt
meine Füße
– dir eilen sie entgegen.

Alles in mir soll in sehnsuchtsvoller und keuscher Liebe auf dich hin ausgerichtet sein, der du mein Bräutigam bist. Amen.

Es ist meine tiefste Sehnsucht,
dass du in meiner Gegenwart lebst!

Der König deines Herzens

Geist der Empörung

Jesus, du Herr meines Herzens!

In letzter Zeit habe ich gemerkt, dass sich bei mir wieder vermehrt der Geist der Empörung ausbreitet. „Wie komme ich eigentlich dazu, warum muss ich mir sowas gefallen lassen, was für eine Frechheit ..." Immer mehr wurde ich davon gefangen genommen und darin eingewickelt wie in ein Spinnennetz. Ich fühlte mich wie ein Opfer. Und da merkte ich, dass ich beherrscht werde von diesem Ungeist, obwohl ja eigentlich du der Herr über mein Herz und über meine Wohnung sein sollst, Gott. So habe ich dem Geist der Empörung in deinem Namen befohlen, mein Herz und meine Wohnung zu verlassen. Und er ist gegangen. Das war sehr befreiend und plötzlich konnte ich alles wieder als Geschenk und in deinem Licht sehen.

Manchmal schleicht er noch um mich herum und versucht, sich wieder bei mir einzunisten. Immer wieder aufs Neue ist es eine innere Schlacht, die Entscheidung zu treffen, das nicht zuzulassen. Oft bin ich schwach und falle. Doch du bist geduldig, streckst mir die Hand entgegen und ermutigst mich, mit dir gemeinsam den guten Kampf zu kämpfen.

Türhüter gesucht

Äußere Umstände können wir oft nur sehr eingeschränkt beeinflussen, da ist es umso wichtiger, was in unserem Innenleben so vor sich geht. Herrscht in meinem Herzen Freiheit? Gedanken kommen ungefragt, aber ich kann entscheiden, ob ich sie nähre und Wurzeln schlagen lasse.
Dazu gibt es eine Übung: Wir können vor unserem Herzen wie Türhüter sein. Wenn Gedanken kommen, fragen wir sie: Bist du ein Freund, der mich besuchen will? Oder bist du jemand, der das Haus einfach nur besetzen und blockieren will? Wenn der Gedanke ein Freund ist, dann beginne mit ihm ein Gespräch darüber, was er dir zu sagen hat. Wenn es ein Hausbesetzer ist, der dich blockiert, dann jage ihn davon. Du hast die Autorität dazu. Du bist schließlich der Türhüter.

In der kirchlichen Tradition sprechen wir da von der Gabe der Unterscheidung der Geister. Und wir Christen haben das Privileg, dass wir diesen anspruchsvollen Job des Türhüters, der unterscheiden muss, wer hineindarf und wer nicht, nicht alleine machen müssen. Jesus hat seinen Jüngern (und somit auch uns) versprochen, dass er uns nicht als Waisen hier auf der Erde zurücklässt, sondern uns einen „Beistand" schickt, den Heiligen Geist.

Ich lade euch heute ein, diesen Beistand wieder neu auch wirklich in Anspruch zu nehmen.
„Komm Heiliger Geist, hilf mir, mein Herz zu hüten. Hilf mir, jene Gedanken nicht gastlich zu bewirten und zu nähren, die mein Herz besetzen und blockieren wollen, sodass ich innerlich vor Angst und Groll erstarre. Hilf mir vielmehr, jene Gedanken

voll Freude in meinem Herzen aufzunehmen und mit ihnen Zeit zu verbringen, die mich und in der Folge auch andere mit deiner Freude, deiner Liebe, deiner Freiheit und deinem Frieden erfüllen.“

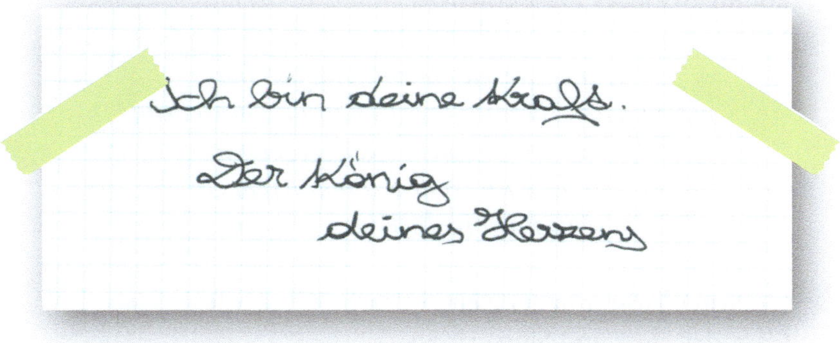

Persönliche Pfingstsequenz

Komm herab, o Heil'ger Geist,
der die finstre Nacht zerreißt,
strahle Licht in diese Welt.
Komm, der alle Armen liebt,
komm, der gute Gaben gibt,
komm, der jedes Herz erhellt.

Danke, dass du mich erschaffen hast.
Danke, dass du mich gewollt hast und mich liebst.
Danke, dass du mein Leben segnest und
dass du mich sendest, um durch mich
dein Licht in die Welt zu tragen.

Höchster Tröster in der Zeit,
Gast, der Herz und Sinn erfreut,
köstlich Labsal in der Not,
in der Unrast schenkst du Ruh,
hauchst in Hitze Kühlung zu,
spendest Trost in Leid und Tod.

In diesem Vertrauen lass mich
alle Herausforderungen annehmen
und in aller Bedrängnis
von dir gestärkt werden.

Komm, o du glückselig Licht,
fülle Herz und Angesicht,
dring bis auf der Seele Grund.
Ohne dein lebendig Wehn
kann im Menschen nichts bestehn,
kann nichts heil sein noch gesund.

Oh ja, durchdringe mich ganz
mit deiner Gegenwart
und lass die Menschen,
die mir begegnen,
deine Liebe erfahren.

Was befleckt ist, wasche rein,
Dürrem gieße Leben ein,
heile du, wo Krankheit quält.
Wärme du, was kalt und hart,
löse, was in sich erstarrt,
lenke, was den Weg verfehlt.

Komm, Heiliger Geist,
schenke mir den Mut und die Kraft,
dir alles hinzuhalten,
was in mir verwundet wurde.
Verwandle,
was in meinem Leben gebrochen ist,
sodass es zum Heil werde
für mich und für viele andere.

Gib dem Volk, das dir vertraut,
das auf deine Hilfe baut,
deine Gaben zum Geleit.
Lass es in der Zeit bestehn,
deines Heils Vollendung sehn
und der Freuden Ewigkeit.

Du willst mit mir
an deinem Reich bauen.
Dafür preise ich dich.
Schenke mir ein hörendes Herz
und den Mut, das, was ich da höre,
in die Tat umzusetzen.
Und wenn ich mein Werk
gemeinsam mit vielen anderen
auf dieser Erde vollbracht habe,
dann lass mich voll Freude
das Fest ohne Ende
mit dir im Himmel feiern.
Amen.

Der ursprüngliche Text der Pfingstsequenz *„Veni, Sancte Spiritus“* wird Stephen Langton, Erzbischof von Canterbury (um 1150 bis 1228) zugeschrieben. Übersetzung von Maria Luise Thurmair und Markus Jenny, 1971. Gotteslob Nr. 344. Der kursiv gesetzte Text ist eine persönliche Ergänzung von Elfriede Demml.

Komm Heiliger Geist mit deinen Gaben

Komm mit deiner Gabe der **Weisheit.**
Schenke mir ein hörendes Herz.
Hilf mir, deine Stimme von den anderen zu unterscheiden.
Komm mit deiner Gabe der **Einsicht.**
Hilf mir, alles was ich von dir höre, in meinem Herzen zu bewahren, wie Maria.
Komm mit deiner Gabe des **Rates.**
Schenke mir die Demut, darauf zu hören.
Komm mit deiner **Stärke.**
Hilf mir, alles was ich von dir höre, auch wirklich in die Tat umzusetzen.
Komm mit deiner **Erkenntnis.**
Enthülle alles, was verschleiert ist, sodass ich Gottes Wirklichkeit und Gegenwart in allem entdecke.
Komm mit deiner Gabe der **Gottesfurcht.**
Dir allein will ich gehören. Du schenkst mir die Freiheit und befreist mich von Menschenfurcht.
Komm mit deiner Gabe der **Frömmigkeit.**
Sei du die Nummer eins, egal ob im Gottesdienst oder im Alltag.
Komm Heiliger Geist mit deinen Gaben
und lass sie Frucht bringen in meinem Leben.

Amen.

Gebet zum Heiligen Geist für Jugendliche

Heiligen Geist,

lass mich erkennen, wer du bist und wer du für mich und mein Leben sein willst.
Erfülle mein Herz mit Lebensfreude.
Lass mich deine Kraft spüren, wenn ich erschöpft bin.
Zeige mir Wege zum Frieden, wo Streit herrscht.
Hilf mir, zu erkennen, was richtig und gut ist, wenn ich vor einer Entscheidung stehe.
Schenke mir gute Gedanken und Ideen, damit ich durch mein Leben die Welt und meine Mitmenschen bereichern kann.
Gib mir Geduld, wenn nicht immer alles so klappt, wie ich es mir vorgestellt habe. Und lass mich nie die Hoffnung aufgeben.
Hilf mir, immer besser zu erkennen, wenn du mir etwas sagen willst, und schenke mir den Mut, es in die Tat umzusetzen.
Ich freue mich auf ein Leben voller Überraschungen und Abenteuer, die du für mich bereithältst.

Komm, Herr Jesus, komm!

Die Sehnsucht nach dir soll mich durchdringen, sie soll brennen auf dem Grund meiner Seele.

Wasche rein mein schwarzes klebriges Herz, durchflute es mit dem Feuer deiner Liebe. Die Hoffnung auf dich soll mich nicht mehr loslassen, soll wachsen jeden Tag.

Du willst mich ganz, mit Leib und Seele, ohne Kompromisse. Nimm mich ganz. Ich will ein Realsymbol deiner Liebe zu deiner Braut-Kirche sein; auch unter dem Kreuz, auch in der Nacht. Ich will freudig ausharren in der Spannung von „schon und noch nicht", im Vertrauen darauf, dass du die Zeit nutzt, mich nach deinem Bild umzuformen, mich marianischer und christusförmiger und so heilig zu machen – zu deiner Ehre und zum Heil der Menschen und der ganzen Welt.

Ich will dürsten nach dir in brennender Sehnsucht, hellwach sein für dich auch in dunkler Nacht. Denn ich vertraue darauf, dass du dich finden lassen willst (Jeremia 29,12–14). Du rufst mir zu: „Mach dich auf, meine Freundin, meine Schönste; so komm doch!" (Hohelied 2,10) So will ich herbeieilen, mich in deine Arme werfen, verweilen im Schatten deiner Flügel, oh Herr.
Ich will ein „verschlossener Garten" (Hohelied 4,12) für dich sein, dessen Früchte dir gehören. Mach mich fruchtbar für dich. Deine Liebe ist ausgegossen in unsere Herzen (Römer 5,5). Ich will es ertragen, „überflüssig" zu sein, damit deine Liebe überfließen kann. Ich will es ertragen, „umsonst" zu sein, damit ich umsonst und zweckfrei lieben kann.

Früchte aus dem Garten

Mit Gott im Alltag

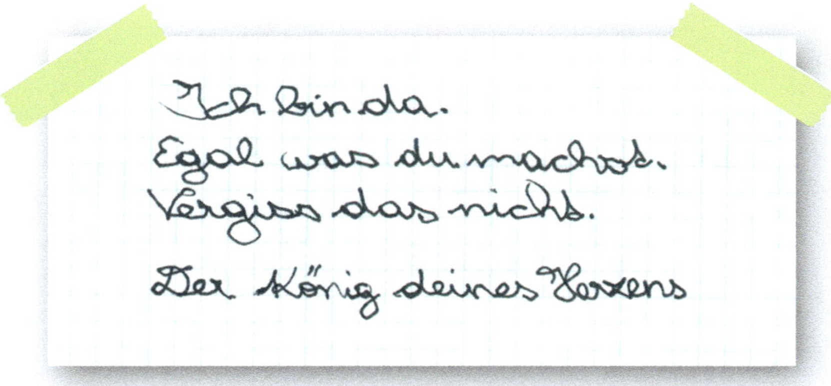
Ich bin da.
Egal was du machst.
Vergiss das nicht.
Der König deines Herzens

Nur Alltag?

Macht das, was ich da tue, wirklich Sinn? Bin ich nicht einfach nur im Hamsterrad des Alltags gefangen? Soll ich nicht eigentlich fruchtbar sein für das Reich Gottes?
Und dann der aufrüttelnde Satz eines Freundes: „Jesus hat 30 Jahre seines Lebens den ganz normalen Alltag eines Zimmermanns gelebt." Aus menschlicher Sicht könnte man sagen Was für eine Verschwendung!? Wenn der Menschensohn schon mal auf die Erde kommt, sollte er dann nicht gleich wundertätig unterwegs sein? Gott tickt offensichtlich anders. Er kann den ganz normalen Alltag, der uns so unbedeutend erscheint, fruchtbar machen für sein Reich – wenn wir ihm diesen Alltag nur schenken.
Das habe ich in den letzten Tagen wieder neu versucht.
Ganz bewusst dem Herrn morgens meinen Tag anvertraut, alles was ich vorhabe, alle Menschen, denen ich begegne, und alles, was unvorhergesehen kommen mag. Und auch zwischendurch, beim Warten auf den Bus, bevor ich mit einer neuen Tätigkeit anfange, in einem Gespräch ... Immer wieder ein kurzes „Komm, Heiliger Geist, ich schenke dir diese Situation".
Der Alltag ist der gleiche geblieben, aber irgendwie erscheint er doch in neuem Licht.
Und dann braucht es natürlich immer wieder besondere Zeiten im Garten des Königs, in denen wir wieder an solche Dinge erinnert werden. Aber die Spuren und Früchte aus diesem Garten finden wir mitten in unserem Alltag.

Schenk mir den Sonntag

In der letzten Sonntagsmesse hatte ich einen kleinen Kampf mit dem Herrn Jesus – wobei ich, wenn ich davon spreche, dass ich mit Jesus kämpfe, davon ausgehe, dass er an meiner Seite kämpft. Es dauert nur immer ein bisschen, bis auch ich an seiner Seite kämpfe. :-)

Ihr wollt nun sicher wissen, worum es in diesem Kampf ging. Um die Planung des Sonntags. Ich hatte mir so einiges vorgenommen, denn ich war davon überzeugt, dass ich wirklich viel zu tun hatte. Keine Sorge, ich weiß schon, dass man am Sonntag nicht arbeitet, und ich hatte ja auch nicht vor, Ziegel aufs Dach zu schleppen oder sowas. Wobei das wahrscheinlich schon wieder der Verherrlichung Gottes gedient hätte, denn es wäre ja ein Wunder, wenn ich plötzlich aus meinem Rollstuhl steigen würde und aufs Dach klettern könnte ... :-)

Nein, ich hatte wirklich vor, Dinge zu tun, die ja eigentlich seinem Reich dienen. Eine Firmstunde für die Arbeit vorbereiten, einer Freundin bei ihrer Diplomarbeit helfen ... Aber der gute Herr Jesus rang richtig um den Plan in meinem Herzen. Und vor allem rang er um meine ungeteilte Aufmerksamkeit in der Messe. Flehentlich, fast bettelnd sah er mich an. Zugleich strahlte das Bild, das ich von ihm hatte, eine Güte und eine tiefe Entschlossenheit aus, nicht so schnell aufzugeben. Und ich hörte in meinem Herzen den Satz: „Schenk mir den Sonntag und ich schenke dir den Rest der Woche!“
Plötzlich war mein Widerstand gebrochen und ich wusste wieder, dass er tatsächlich an meiner Seite kämpft und dass er sich nichts sehnlicher wünscht, als dass ich ihm vertraue, weil

er auch in den kleinen Dingen des Alltags Pläne des Heils hat, die mir verborgen bleiben, wenn ich meinen Blick von IHM wende und immer meine, alles selbst im Griff haben zu müssen. Er will meine Augen öffnen für so viel Schönheit. Da sind die Blumen und alles, was sich in der Natur so regt, nur kleine Boten davon. Er will mir und uns allen so viel mehr schenken.

Begegnung im Bus

Auch wenn sich mein Herz immer wieder sehr nach Stille sehnt, sind es dann doch oft sehr trubelige Orte, an denen mir Gott begegnet. Immer wieder kommt es vor, dass ich das Stundengebet im Bus bete, weil es sich gerade nicht anders machen lässt und dann beziehe ich heimlich die Menschen mit ein, die auch da sind.

Heute hatte ich eine sehr schöne Begegnung im Bus: Mir ist die Maske (Schutzmaßnahme in der Corona-Pandemie) heruntergerutscht und ich konnte sie allein nicht mehr hinauftun, wollte aber auch niemanden fragen, weil ich nicht wusste, ob es den Leuten unangenehm ist, in Zeiten der Pandemie, einer Fremden so nahe zu kommen. So habe ich die Maske mit meiner Hand an mein Gesicht gehalten. Plötzlich ist ein junger Mann in schmutziger Arbeiterkleidung und mit riesigen Kopfhörern von ganz hinten im Bus nach vorne gekommen. Ich dachte, er wolle aussteigen, aber er ging schnurstracks auf mich zu, tat ohne ein Wort zu sagen meine Maske wieder auf meine Ohren und ging ebenso schnell wieder, wie er gekommen war. Ich konnte ihm nur noch „danke“ hinterherrufen.

Mich hat das sehr berührt, einerseits die Aufmerksamkeit, mit der er offensichtlich durch den Alltag geht, und andererseits sein Mut, das zu tun, was notwendig ist, ohne zu fragen, ob er damit vielleicht Grenzen überschreitet. In solchen Situationen muss ich immer an das Wort Jesu denken: „Wer euch auch nur einen Becher Wasser zu trinken gibt, weil ihr zu Christus gehört – Amen, ich sage euch: Er wird gewiss nicht um seinen Lohn kommen." (Markus 9,41) Und ich sage Jesus, er soll es den Menschen reich vergelten, dass sie mir geholfen haben, auch wenn sie nicht wussten, dass ich „zu IHM gehöre". Auf diese Weise hoffe ich, „heimlich" viele mit hineinzuziehen in die Liebe Gottes.

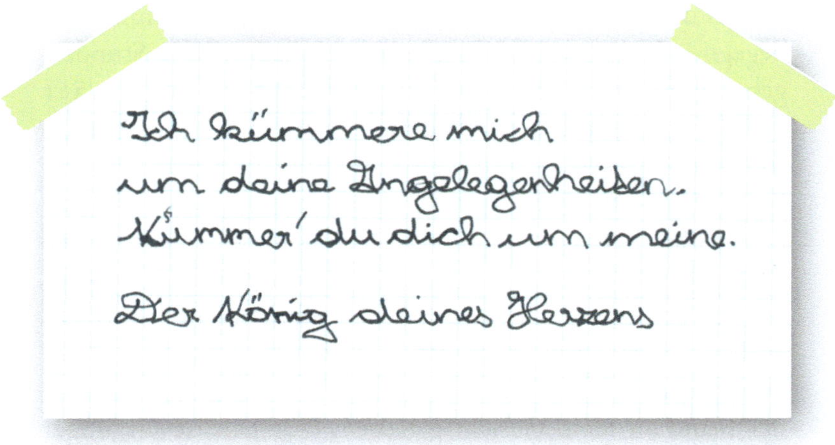

Segen teilen

Vorstellungsgottesdienst der Erstkommunionkinder. Nach dem Vater unser bleiben alle Kinder um den Altar versammelt und werden vom Pfarrer gesegnet. Plötzlich löst sich ein Junge aus dem Kreis und verschwindet. Ich wundere mich schon. Will er nicht gesegnet werden? Wenige Augenblicke später kommt er zurück. An der Hand seine kleine Schwester, die noch kaum gehen kann. Auch sie soll gesegnet werden. Mir steigen Tränen in die Augen. Der Junge hat verstanden, worauf er sich vorbereitet. Er will zum Herrn gehören, aber er will dieses Geschenk nicht für sich alleine behalten, sondern auch andere daran teilhaben lassen. Besonders jene holt er zum Herrn, die noch nicht in der Lage sind, alleine zu ihm zu gehen. Möge dieses Geheimnis, das er jetzt ganz intuitiv und unreflektiert vollzogen hat, in ihm wachsen und weite Kreise ziehen. Möge er in seinem Leben den Segen Gottes empfangen und teilen. Mögen wir alle das tun.

Klein und voller Liebe

Donnerstagnachmittag: Im Pfarrhaus wird es lebendig. Kinder kommen zur Ministrantenstunde. Plötzlich steht unser jüngster Ministrant mit einer Sparbüchse vor mir. Er habe in seiner Siedlung selbstgemachte Armbänder verkauft und was er damit verdient hat, will er armen Menschen schenken.
Ich bin gerührt. Niemand hat ihm gesagt, dass er das tun soll. Ganz allein hat er mutig dieses kleine Projekt gestartet. Wir zählen gemeinsam das Geld. 16 Euro hat er gesammelt. Er erinnert mich an den kleinen Jungen, der seine fünf Brote und zwei Fische zur Verfügung stellte, und alle wurden satt (vgl. Johannes 6,1–15). Wenn jeder vertrauensvoll das, was er hat und was er kann, in Jesu Hände legt, ist genug für alle da. Und gleichzeitig können wir nur das weitergeben, was wir selbst empfangen haben.

Überrascht

Lebensmittel-Sammlung für die Pfarrcaritas bei einem Supermarkt: Leute aus dem Sozialkreis der Pfarre bitten die Menschen, die heute einkaufen gehen, haltbare Lebensmittel von ihrem Einkauf mitzubringen als Spende für arme Leute in der Gegend. Die Ministranten helfen tatkräftig mit. Sie machen aus der guten Aktion eine Challenge. Wer schafft es, mehr Leute anzusprechen und zu überzeugen, dass sie etwas mitbringen? Sie sind mit Feuereifer dabei. Die Leute reagieren unterschiedlich. Manche kennen uns schon und bringen gerne etwas mit, andere ignorieren uns, wieder andere schimpfen.

Plötzlich kommt ein Mann auf uns zu, den ich im ersten Augenblick eher als „Empfänger" unserer Sozialaktion einstufen würde und weniger als „Geber". Er hat kaum Zähne im Mund, sieht heruntergekommen und nach einem Drogenjunkie aus. „Ich gehe heute nicht einkaufen, aber ich möchte eure Aktion trotzdem unterstützen, denn ich finde gut, was ihr macht. Ich habe nicht viel ...", er kramt in seiner Geldtasche und holt eine Zwei-Euro-Münze heraus, „... aber wenigstens das möchte ich euch geben."

Mich berührt diese Begegnung tief im Herzen. Sie erinnert mich an das Opfer der armen Witwe in Lukas 21,1–4: *„Jesus blickte auf und sah, wie die Reichen ihre Gaben in den Opferkasten legten. Er sah aber auch eine arme Witwe, die dort zwei kleine Münzen hineinwarf. Da sagte er: Wahrhaftig, ich sage euch: Diese arme Witwe hat mehr hineingeworfen als alle anderen. Denn sie alle haben nur etwas von ihrem Überfluss hineingeworfen; diese Frau aber, der es am Nötigsten mangelt, hat ihren ganzen Lebensunterhalt hergegeben."*

Im Überfluss

Ich bin mit dem Bus auf dem Weg zur Arbeit. Heute haben wir Frauenfrühstück. Deshalb möchte ich bei der Bäckerei in der Nähe der Pfarre noch ein Brot kaufen. Doch schon im Bus fällt mir ein, dass heute mein Rucksack vollgestopft ist mit Dingen und mein Geld ganz unten begraben. Oh nein!
Ich möchte keinen Stau an der Kassa der Bäckerei verursachen. Gott, es wäre voll super, wenn du mir jemanden über den Weg schicken könntest, den ich kenne, sodass mir schon vorher jemand das Geld heraussuchen kann. Oder vielleicht schenkt mir ja rein zufällig jemand auf dem Weg Geld. Das ist wohl sehr unwahrscheinlich. Aber als ich das letzte Mal Brot kaufen war, hat ein anderer Kunde mein Brot mitbezahlt. Das war sehr nett. Aber gleich davon ausgehen, dass das wieder passiert, kann ich ja wohl auch nicht... Cool wäre natürlich auch, wenn ich meine Arbeitsassistentin zufällig schon am Weg treffen würde, obwohl wir uns erst in der Arbeit verabredet haben ... Diese Gebete und Gedanken schießen mir durch den Kopf.

Die Busfahrt geht vorüber, ohne dass ein Wunder passiert, und ich fahre aufgeregt mit meinem Rolli zur Bäckerei. Hoffentlich wird es keine peinliche Situation ...

Ich komme näher und wen sehe ich durch das Fenster gemütlich einen Kaffee trinken? Meine Arbeitsassistentin. Übermütig stürme ich in das Gebäude und rufe ihr quer durch die Bäckerei zu: „Du bist gerade mein lebendiger Gottesbeweis!“ – „Oh, das muss ich mir merken, denn das hat mein ganzes Leben noch nie jemand zu mir gesagt und wird wahrscheinlich auch mein restliches Leben nie wieder jemand zu mir sagen!“, ruft sie gerührt aus.

Sie kennt sich in meinem Rucksack aus, kramt geschickt das Geld hervor und wir kaufen das Brot. Auch der restliche Arbeitstag verläuft gut. Was ich noch nicht ahne, ist, dass die Geschichte noch nicht zu Ende ist.

Auf dem Heimweg habe ich es eilig, weil ich zu Hause schon erwartet werde. Deshalb nehme ich nicht den schönen ruhigeren Weg am Fluss entlang, sondern den Gehweg neben der Straße. Plötzlich hupt es neben mir. Ich schaue mich um, weil ich das Gefühl habe, dass das Hupen mir gegolten hat. Aber ich kann nicht ausmachen, welches Auto hier gehupt hat, denn es ist so viel Verkehr. Doch plötzlich sehe ich, dass ein Auto stehen geblieben ist. Oje, ist da vielleicht ein Unfall passiert? Und dann sehe ich, wie eine Frau über die Straße läuft, direkt auf mich zu. Sie hat 20 Euro in der Hand und will sie mir geben. Da ich aber nicht so schnell greifen kann, steckt sie mir das Geld in die Jackentasche und sagt in gebrochenem Deutsch: „Für dich für Kaffee." Ich kann gerade noch DANKE sagen, schon ist sie weg und hüpft wieder auf den Beifahrersitz des Autos, das auf der Straße stehen geblieben ist. Mir fällt wieder mein morgendliches noch ungläubiges Gebet ein, dass mir ja vielleicht jemand Geld schenken wolle, und ich kann wirklich nicht fassen, wie ernst Gott meine Gebete nimmt und zwar im Überfluss, denn es wäre ja jetzt gar nicht mehr nötig gewesen, ich habe das Brot ja schon erfolgreich gekauft!

Gehalten

Am Ufer des Meeres spaziert eine Familie mit zwei kleinen Buben entlang. Der kleinere hängt an der Hand der Mama und wird immer langsamer. Jammernd sinkt er dann vollends in die Knie. Der Papa dreht sich um und setzt den Jungen kurzerhand auf seine Schultern. Man könnte meinen, super, das Problem ist gelöst und der Junge kann sich freuen, dass er einen Papa hat, der ihn trägt, wenn er den Weg alleine nicht mehr schafft. Doch dem Kleinen ist die Höhe und der Blick auf die steil abfallenden Klippen direkt neben dem Weg unheimlich und er schreit: „Hilfe, Papa, da fall' ich ins Wasser!" – „Halt' dich an mir fest", sagt der Papa beruhigend und sie gehen weiter.

Mich berührt die Szene. Ist es nicht auch in unserem Leben so? Wenn wir alleine nicht mehr weiterkönnen, trägt uns der himmlische Vater. Doch das ist uns manchmal unheimlich. Wir haben es nicht gerne, die Dinge nicht mehr im Griff zu haben, den Boden unter den Füßen zu verlieren. Es fällt uns schwer, einfach auf die starken Arme des Vaters zu vertrauen. Doch er flüstert uns beruhigend zu: „Halt' dich an mir fest. Ich trage dich und lasse dich nicht fallen. Vertrau mir."

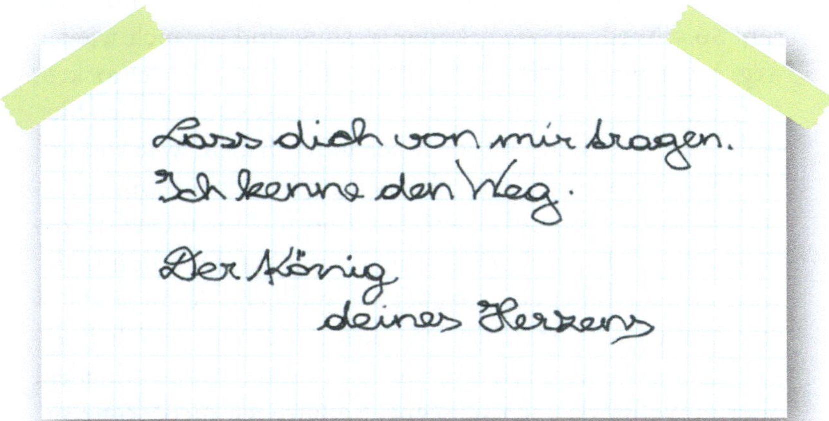
Lass dich von mir tragen.
Ich kenne den Weg.

Der König
deines Herzens

Wandlung

Ich bin im Krankenhaus. Das Personal ist sehr lieb – bis auf einen Abend. In unserem Zimmer sind wir schon fertig für die Nacht, es ist schon dunkel und wir sind kurz vorm Einschlafen. Plötzlich wird die Tür aufgerissen und zwei junge Pflegerinnen kommen lachend herein, schalten das Licht ein, kommen ohne eine weitere Erklärung auf mich zu und tun etwas bei meinem Verband, ziemlich stürmisch. Ich habe Angst, dass sie mir weh tun. So schnell, wie sie gekommen sind, sind sie auch wieder weg. Mein Herz pocht. Erstens bin ich mich total erschrocken, zweitens finde ich es unmöglich, wie unsensibel die beiden hier hereingestürmt sind und mich behandelt haben. Wie soll ich mit denen bloß die Nacht überstehen? Mit denen will ich sicher nicht zur Toilette gehen. Die sind mir für meine derzeitige Lage zu stürmisch. Zorn steigt in mir auf. Da fällt mir ein Wort aus der Bibel ein: „Segnet sie, verflucht sie nicht." (Römer 12,14) – „Gott, ich würde diese beiden sicherlich Energy-Drink-gesteuerten Mädels am liebsten zum Mond schießen. Aber du willst, dass ich sie segne. So bitte ich dich, segne sie. Hilf ihnen, dich zu erkennen. Und hilf ihnen, würdevoll mit ihren Patienten umzugehen. Aber nur, dass du es weißt, ich sage das nur, weil du es willst. Ich würde sie gerne zum Mond schießen."

Dann schlafe ich ein. Plötzlich geht wieder die Tür auf, ganz vorsichtig. Es wird kein Licht eingeschaltet. Jemand schleicht sich zu meinem Bett und flüstert mir etwas zu. Ich antworte schlaftrunken und erst dann erkenne ich, dass es eine der beiden Pflegerinnen von vorhin ist. Das kann ich mir gar nicht vorstellen, denn plötzlich scheint sie einen ganz anderen Charakter zu haben. Nein, ich habe mich nicht getäuscht. Sie ist es und verlässt auf Zehenspitzen gerade wieder das Krankenzimmer. Gott, du bist echt krass, wie schnell du diese segnende Wandlung vollzogen hast. An ihr und an mir.

Gehorsam

Bis vor kurzem habe ich ohne mit der Wimper zu zucken ein halbes Jahr vorher Züge und ähnliches gebucht. Dass da etwas dazwischenkommen könnte, lag außerhalb meines Denkhorizontes. Ich bin auch dafür bekannt, schon jetzt meine Assistentinnen zu bitten, ob sie in zwei Wochen um 17 Uhr mit mir an einem bestimmten Ort zur Toilette gehen können. Manche Leute wundern sich, wie ich das so genau planen kann. Aber bis jetzt war mein Leben ziemlich geregelt und es ist wenig dazwischengekommen.

Die Corona-Pandemie hat mich schon eines Besseren belehrt und ich bin etwas vorsichtiger geworden mit meinen Planungen. Doch jetzt liege ich plötzlich – geschwächt durch eine bakterielle Infektion – im Krankenhaus und kann nicht einmal mehr meine nächsten fünf Minuten planen oder einschätzen.

„Magst du ein Marmeladebrot zum Frühstück?“ – „Ich weiß es nicht, ich muss es probieren, ob es geht. – Nein. Lieber nur Butterbrot. Und nur ganz kleine Stücke.“

„Kannst du dich aufsetzen?“ – „Wir müssen es probieren. – Nein, ich werde schwindlig und lege mich doch lieber wieder hin.“

Was an einem Tag geht, geht am anderen nicht, dann doch wieder. Ich kenne mich und meinen Körper nicht mehr. Muss mich jede Minute neu darauf einlassen. Muss ihm gehorsam sein.

Ich werde zu einer Geburtstagsfeier eine Woche später eingeladen. Da bin ich bestimmt wieder gesund. Ich sage zu. Inzwischen bin ich zwar nicht mehr im Krankenhaus, aber merke doch, dass ich noch ein bisschen schwach bin. Ich sage die Geburtstagsfeier also wieder ab. Muss wirklichkeitsgehorsam sein, wie der heilige Ignatius sagen würde. Eine ganz neue Dimension der Abhängigkeit und des Gehorsams tut sich mir auf. Und ich lerne langsam, in der Gegenwart zu leben und keine Pläne zu schmieden.

Ich lese ein Auferstehungsevangelium. Die Jünger erkennen Jesus an den Wunden. Jesus, lehre mich, nicht nur zu hoffen und zu beten, dass es bald wieder gut ist, sondern durch meine Schwachheit und meine Wunden deine Herrlichkeit und dein Reich durchstrahlen zu lassen und zu glauben, dass das eine Wirkung hat, auch wenn ich äußerlich gesehen gerade nichts tun kann und ziemlich nutzlos bin.

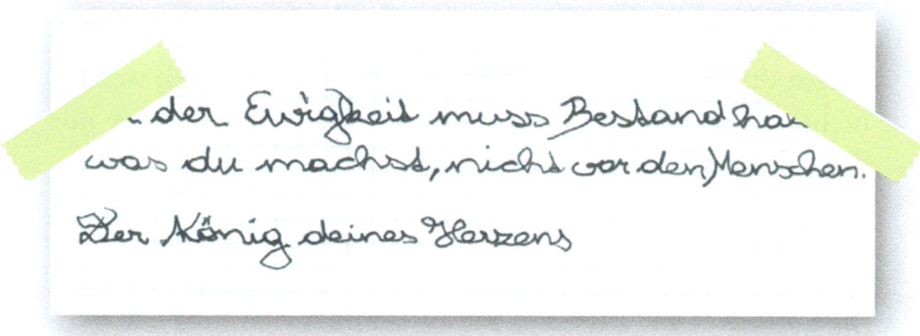

Eine Scheibe abschneiden

Vor ein paar Jahren war ich einmal zu einer Hochzeit eingeladen und Freunde nahmen mich dorthin im Auto mit. Für meinen Geschmack war der Termin unserer Abfahrt viel zu früh angesetzt, aber ich war einfach nur froh, dass sie mich mitnahmen, deshalb hatte ich kein Problem damit, früh loszufahren.

Unser Weg führte uns über geschlängelte steile Straßen und das Auto begann, besorgniserregende Geräusche von sich zu geben, bis es schlussendlich ganz zu stehen kam. Es dampfte aus dem offensichtlich überhitzten Motor. Wir alle opferten dem Auto unsere wertvollen Wasservorräte, obwohl wir selbst an diesem heißen Sommertag sehr durstig waren. Aber nichts half. Der Motor heulte zwar immer wieder einmal kurz auf, kam aber dann doch wieder zum Erliegen. Wir riefen einen Freund an, der auch zur Hochzeit eingeladen war und warteten, bis er kam und uns mit einem Seil abschleppte.

Als sich nun unser kaputtes Auto, gezogen durch das Auto des anderen Freundes, langsam in Bewegung setzte, meinte unser Fahrer mit strahlendem Gesicht: „Kommt, lasst uns einen Rosenkranz beten, als Dank, dass alles so gut geklappt hat.“ Ich konnte meinen Ohren kaum trauen! Was war das für ein krasser Typ? Sein Auto war gerade kaputtgegangen! Andere würden in so einer Situation fluchen. Und er will dafür danken, dass alles gut gegangen ist! Heimlich beschloss ich, mir eine Scheibe von diesem Lebensstil abzuschneiden und stimmte in den Dank-Rosenkranz ein.

Ich führe dich auf Wege,
die du nicht kennst.
Aber es sind gute Wege.

Der König deines Herzens

Geknackt

Grundsätzlich sind ja die Busfahrer meine „best friends". Aber es gibt natürlich auch Ausnahmen ... Vor ca. zwei Jahren begegnete ich auf dem Weg in die Arbeit einem Busfahrer, der mich mit dem Rollstuhl nicht alleine mitnehmen wollte und der mir auch sagte, es sei nicht seine Aufgabe, mir die Rampe aufzuklappen. Ich erkämpfte, dass er mich trotzdem mitnahm, aber in mir kochte es. Als ich wieder ausstieg, fetzte ich wütend die Straße entlang und betete: „Jesus, ich würde ihn am liebsten zum Mond schießen, aber du sagst ‚segnet eure Verfolger, verflucht sie nicht', also segne ihn. Segne seine Beziehung zu seiner Freundin –wahrscheinlich hat er eh gar keine, so wie der drauf ist, aber falls er doch eine hat, segne sie." So oder so ähnlich betete ich eine Zeit lang. Das war keinesfalls eine friedliche Unterhaltung, sondern eine sehr aufgewühlte. Aber nach und nach kehrte in mir Friede ein und der feste Entschluss, diesen Mann „zu knacken". Bei den nächsten Begegnungen gab ich mein Bestes, freundlich zu ihm zu sein. Lange zeigte das keine sichtbare Wirkung. Es war vielmehr so etwas wie eine Waffenruhe zwischen uns. Aber vor ein paar Wochen passierte das Wunder: Er begrüßte mich, als wären wir alte Kumpels. :-)

Wie geht es weiter?

Ich bin zu einem Fest eingeladen. Google Maps sagt mir, dass ich mit dem Elektro-Rollstuhl etwa eine halbe Stunde bis dorthin brauchen werde. Gar kein Problem! Was ich aber bei meiner Planung nicht bedenke, ist, dass es inzwischen schon sehr früh dunkel wird, und noch dazu regnet es an diesem Abend. Meine Freundinnen erklären mir zwar noch genau die Richtung, bevor sie mich ausgestattet mit Regenmantel und Navi am Handy hinausschicken, aber schon bald merke ich, dass ich mich verirrt habe. Ein regennasses Handy hilft auch nicht viel und so irre ich einige Zeit in der Gegend herum. Irgendwann bin ich wirklich ratlos – zwar noch nicht richtig verzweifelt, aber ich weiß tatsächlich nicht mehr, was ich tun soll. „Jesus, jetzt musst du mir weiterhelfen, mir fällt nichts mehr ein."

Genau in diesem Moment biegt ein Auto in die einsame Gasse ein, in der ich mich gerade befinde. Es parkt unmittelbar neben mir. Na, diese Antwort war ja schnell, denke ich mir und frage den Mann, in welche Richtung ich weitermuss. „Das ist viel zu weit!", ruft er aus. „Ich bringe Sie hin." – „Das ist sehr nett, aber man kann den Rollstuhl nicht ins Auto einpacken." – „Doch, doch, mein Auto ist groß", meint der Mann. „Ja, das sehe ich wohl, aber mein Rollstuhl ist sehr schwer, da braucht man eine Rampe." – „Ich habe drei Söhne, das werden wir schon schaffen!", entgegnet der Mann und ruft in sein Haus hinein.

Sofort eilen seine Frau und zumindest ein Sohn herbei. Alle sind davon überzeugt, dass wir das schon schaffen werden, auch wenn ich noch meine Zweifel hege. Dass ich vom Regen patschnass und schon ein bisschen schmutzig bin, scheint ihnen nichts auszumachen. Sie packen mich und setzen mich ins Auto. So, ich bin schon einmal drinnen, aber mein Rolli? Ich höre hinterm Auto ein Stöhnen. Nein, es geht tatsächlich nicht. Ich wende noch einmal ein, dass es für mich wirklich kein Problem wäre, mit dem Rollstuhl zu fahren, wenn sie mir nur die Richtung weisen könnten. „Nein, nein, wir finden schon eine Lösung." Der Mann verschwindet und kommt kurze Zeit später mit zwei großen Brettern zurück. Er habe beim Nachbarn niemanden erreicht, aber sich jetzt einfach einmal von der Baustelle zwei Schalungsbretter ausgeborgt, meint er. Diese werden kurzerhand zu einer Rampe umfunktioniert und der Sohn manövriert meinen Rollstuhl geschickt in den VW Bus. Die Frau verabschiedet sich freundlich von mir. Ich entschuldige mich noch, dass ich ihren ganzen Abend durcheinandergebracht habe, aber sie beteuert, dass sie das, was sie tun, gerne tun. Vater und Sohn fahren mich also mit dem Auto zu dem Fest, wo ich schon erwartet werde. Nein, dort hätte ich alleine wirklich nicht hingefunden.

Den ganzen Abend bin ich noch schwer beeindruckt von der netten Familie und vor allem auch von meinem Herrn und Meister, dass er so prompt antwortet, wenn ich in Not bin.

Stecken geblieben

Meine Mama und ich sind auf dem Weg zur Kirche. Kurz vor dem Ziel geht es noch einmal bergauf und ich bleibe mit meinem Elektrorollstuhl im Schnee stecken. Viele wollen uns zu Hilfe eilen und meinen Rollstuhl herausziehen. Aber er ist zu schwer.

Ich bin an diesem Tag Lektorin und so sage ich zu meiner Mama. „Wir müssen zu Fuß weitergehen." – „Aber wir können den Rollstuhl doch nicht einfach hier stehen lassen!" – „Doch, wir haben keine Zeit zu verlieren. Die warten auf mich." So nimmt sie mich aus dem Rollstuhl, wo ich eigentlich gut verpackt gewesen wäre gegen die Kälte, und führt mich zu Fuß weiter. Ganz außer Atem kommen wir gerade noch rechtzeitig in der Kirche an.

Als das Pfauchen und Schnaufen in mir stiller wird, höre ich wieder diese leise Stimme: „Hast du es gecheckt, Elfriede?" Ja, ich habe es gecheckt. Hinter diesem Ereignis steckt mehr als ein dummes Missgeschick. Es kann mir ein Gleichnis sein. Wir dürfen dankbar sein für alles, was uns geschenkt ist, solange es uns auf dem Weg zum Herrn weiterhilft. Aber wenn es uns aufhält, müssen wir es ohne Zögern zurücklassen. Möge es noch so wertvoll sein und uns am Herzen liegen.

Du bist frei.
In mir bist du frei.
Ich habe dich freigesetzt.
Der König
deines Herzens

Liebevoller Blick

In der Anbetung vor mir kniet ein Vater und neben ihm sein etwa dreijähriger Sohn. Der Kleine lehnt mal an seinem Papa, mal krabbelt er ein bisschen herum, mal setzt er sich auf die Knie seines Papas und flüstert ihm etwas ins Ohr. Der Papa streichelt ihm liebevoll über den Kopf, blickt ihn an und schaut dann wieder zurück zum eucharistischen Herrn. Nebenbei legt er seinen Arm über die Schultern des kleinen Kindes. Schon flüstert der Kleine ihm wieder etwas zu und der Papa blickt ihn wieder an und sagt ihm etwas ins Ohr. Man könnte meinen, der Kleine lenke seinen Vater vom Gebet ab. Sollte er ihm sagen, er solle jetzt stillsitzen und den Herrn Jesus anschauen und beten?

Und da merke ich, wie sehr der Papa seinem kleinen Kind genau das vermittelt, was uns in der Anbetung geschenkt wird. Gott schaut uns mit einem liebevollen Blick an, wir dürfen ihm sagen, was uns am Herzen liegt und er flüstert uns seine ermutigenden Worte ins Ohr. Er streicht uns über den Kopf und drückt uns mit seinen Armen an sein Vaterherz. Dort dürfen wir ausruhen. Die sichtbar gewordene Liebe Gottes in der Eucharistie. Die sichtbar gewordene Liebe Gottes in dem Vater, der vor Gott kniet und die Liebe, die er empfängt, seinem Kind weiterschenkt.

Nutze die kurzen Momente,
um immer wieder ganz
in meine Gegenwart
einzutauchen.

Der König
deines Herzens

Da sein wie ein Kind

Ich gehe mit einer Freundin im Stadtpark spazieren. Irgendwann wird es ihrem kleinen Sohn im Kinderwagen zu langweilig und so hebt sie ihn heraus und stellt ihn auf den Weg. Der einjährige Jakob geht mit wankenden Trippelschritten. Dass er immer wieder hinfällt, scheint ihm nichts auszumachen. Er krabbelt einfach weiter, betrachtet interessiert die Steinchen auf dem Weg und schenkt den gefundenen Schatz seiner Mama.

Die Leute, die uns begegnen, sind entzückt von diesem kleinen Kind. Selbst die Ordnungswachen beginnen liebevoll mit ihm zu sprechen. „Wenn ich mit ihm spazieren gehe, macht niemand ein finsteres Gesicht. Es ist so faszinierend, er tut nichts. Er ist einfach nur da, und allein damit macht er den Leuten schon solche Freude", so fasst Jakobs Mama das Geschehen in Worte.

Allein durch unser Dasein Menschen Freude machen. Mir ist klar, dass wir mit der Niedlichkeit eines kleinen Kindes nicht mithalten können. Aber vielleicht können wir uns trotzdem etwas von der Grundhaltung abschauen: Wenn wir fallen und nicht mehr weitergehen können, dann eben krabbeln. Staunen über das, was um uns herum geschieht. Das, was uns in die Hände fällt, freudig mit anderen teilen. Und immer in der vertrauensvollen Gewissheit leben, dass da jemand ist, der sich ungeachtet jeder Leistung in Liebe an uns erfreut.

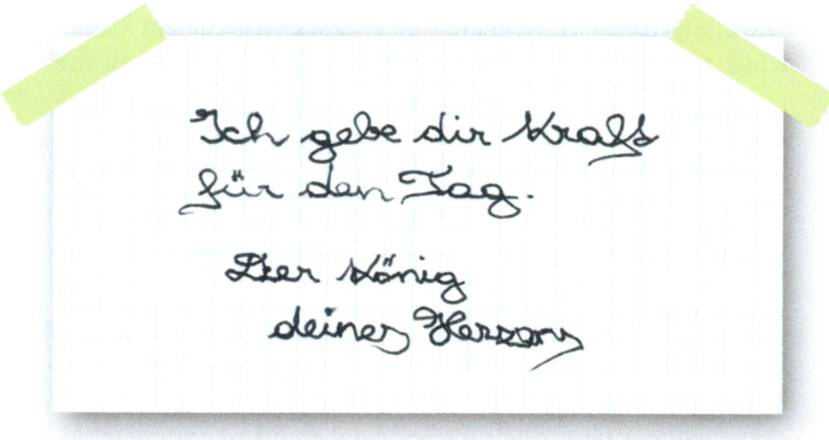

Ich gebe dir Kraft
für den Tag.

Dein König
deines Herzens

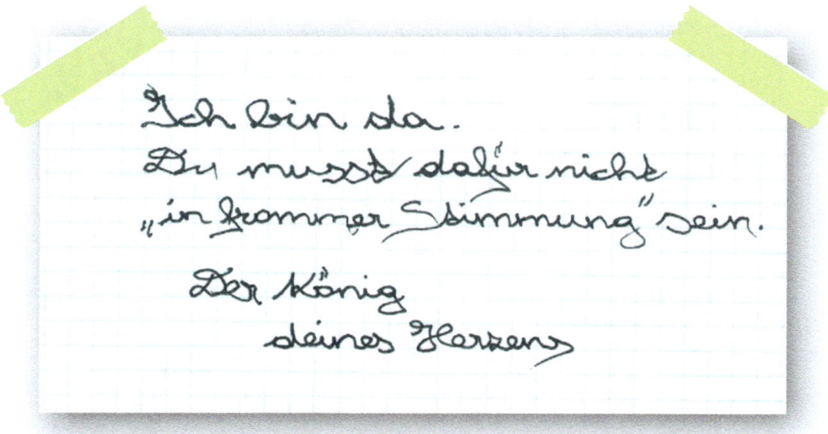

Ich bin da.
Du musst dafür nicht
„in frommer Stimmung" sein.

Der König
deines Herzens

Dank

Danke an alle, die in mir die Sehnsucht nach dem Garten des Königs geweckt und mich auf den Weg dorthin begleitet haben. Danke an alle, die mich immer wieder fragen, wann es denn wieder ein Buch von mir gibt. Ihr habt mich ermutigt, diesem Herzensanliegen nachzugehen, das im Trubel des Alltags leider oft untergeht. Danke an Marie-Katrin Finkl. Du hast mit deinen Bildern meinen Texten eine ganz neue Schönheit verliehen. Danke an meinen geistlichen Begleiter Pater Willibald Hopfgartner OFM für das Vorwort. Ich bin ganz gerührt, welche Schätze du in diesem Buch entdeckt und gehoben hast. Danke an Bernadette Krogger für das Korrekturlesen und überhaupt für das gemeinsame Unterwegs-Sein. Danke an das Team der Designerei Bad Aussee für das Layout des Buches und die gute Zusammenarbeit. Danke an das Team der Buchschmiede. Ohne eure professionelle Arbeit hätten wir das Buch jetzt nicht in der Hand. Danke an meine Mama Maria Demml, dass ich alle meine Überlegungen in Sachen Buchprojekt immer mit dir durchbesprechen kann. Danke an Gott, der mir all das geduldig gezeigt hat, was ich hier teilen darf. Und ich weiß, es ist erst ein erstes Blitzlicht einer Riesenfülle und Schönheit, die er für uns bereithält.

Elfriede Demml

Über uns

Marie-Katrin Finkl und ich kennen uns aus unserer gemeinsamen Zeit des Studiums in Benediktbeuern/Bayern. Marie-Katrin hat mich in dieser Zeit als persönliche Assistentin bei jenen Dingen des Alltags unterstützt, die ich aufgrund meiner Behinderung nicht alleine kann. Daraus ist eine wunderbare Freundschaft erwachsen, die bis heute anhält. Besonders verbindet uns das jährliche Pilgern am Jakobsweg gemeinsam mit anderen Freunden. Immer mehr merken wir, dass eine Pilgerfreundschaft weit über das „Wirklich-auf-dem-Jakobsweg-unterwegs-Sein" hinausgeht. Es ist ein Miteinander auf dem Weg sein, auch über die Ferne hinweg, schließlich lebt Marie-Katrin in Bayern und ich lebe in der Steiermark. In diesem Büchlein sind nun unsere beiden jeweiligen Begabungen und Herzensanliegen auf wunderbare Weise vereint worden.

Marie-Katrin (in der Mitte des Bildes) und Elfriede (dahinter im Rollstuhl) bei einem Picknick mit unseren (Pilger-) Freundinnen in Venasque/Frankreich